U0916984

滋润心灵的课堂

嵇寒冰　宋廷军　韩静／主编

吉林文史出版社
JILIN WENSHI CHUBANSHE

图书在版编目（CIP）数据

滋润心灵的课堂 / 嵇寒冰，宋廷军，韩静主编. —长春：吉林文史出版社，2021.9
ISBN 978-7-5472-8071-3

Ⅰ. ①滋… Ⅱ. ①嵇… ②宋… ③韩… Ⅲ. ①中小学—班主任工作 Ⅳ. ①G635.16

中国版本图书馆CIP数据核字（2021）第183930号

滋润心灵的课堂
ZIRUN XINLING DE KETANG

主　　编：嵇寒冰　宋廷军　韩　静
责任编辑：刘姝君
封面设计：言之凿
出版发行：吉林文史出版社有限责任公司
电　　话：0431-81629369
地　　址：长春市福祉大路5788号
邮　　编：130117
网　　址：www.jlws.com.cn
印　　刷：北京政采印刷服务有限公司
开　　本：170mm × 240mm　1/16
印　　张：13.25
字　　数：239千字
版印次：2021年9月第1版　2021年9月第1次印刷
书　　号：ISBN 978-7-5472-8071-3
定　　价：45.00元

编委会

主编：嵇寒冰　宋廷军　韩静

副主编：范洪冰　吴广顺　杨海萍

编委：孙灵慧　高余超　蒋晶鑫　孙艺凌　黄慧
赵李化　王越　李波　王志军　刘蓓
徐华　张继松　陆道华　庞占银　王飞
孙爱　胡童　宋畅　赵金金　刘林
胡东升　赵飞　戴星明　王义　费新苗
王承业　吴磊　潘艳玲　谢春树　刘雯雯

PREFACE

编写组曾对近百名班主任做了问卷调查，发现大部分中小学（含中等职业学校，以下简称“中职”）班主任在日常主题班会组织和开展过程中，活动形式单一，缺乏丰富的体验和展示的平台，德育目标是自上而下提出，而非班级、学生的内部激发。在整个过程中，教师主导有余，学生主动不足。造成这种现象的主要原因是班主任工作任务繁重，没有时间和精力精心策划每一节班会课，当然也有部分班主任德育观念陈旧的问题。在调查中，很多班主任表示，希望能有一本实用的、适用的针对中小学（含中职）班级的主题班会案例集，帮助他们拓展思路，转变观念，积累素材。

针对一线班主任的需求，本书以中小学（含中职）班级为单位，以学生的生活背景、职业发展、班级中出现的个性化问题、社会热点问题为班会主题的设计基础，依据社会需求和中小学（含中职）学生成长的要求，收集中小学（含中职）班主任在建班育人过程中开展的具有代表性的主题班会，设计完整，环节清晰，内容充实，素材丰富，突出职业特色和生活气息。本书收录的主题班会设计注重班级内部活动共同体的组建和自主参与，高度重视学生个性问题、班级问题和社会问题，努力激发全体学生自主协同发展的动力，提高中小学（含中职）学生的道德认识，促进道德行为习惯的养成，同时帮助班主任提升专业能力，增强专业学习的主动性和建班育人的创新性。

PREFACE

本书的编者都是奋战在一线的优秀班主任，他们重视积累，善于总结和反思，勇于创新，将多年的工作经验融入主题班会过程中，将带班智慧写进主题班会设计里，体现了自己在德育工作上的职业自觉和专业发展，希望能够给一线班主任带来启发。希望每一位班主任都能精心设计每一节班会课，增强专业能力，用心为职业教育做出贡献。

感谢每一位参编班主任的辛勤付出，感谢学校的大力支持，更希望阅读此书的读者能够批评指正！

第一篇

践行工匠精神　树立职业道德

第二篇

规划职业生涯　成就青春梦想

第三篇

传承家国情怀　感念师友情谊

第四篇

继承传统节日　保护传统文化

第五篇

重视法律法规　提升网络安全

第六篇
引战工匠国潮　享百味民族文化

1

第一篇

践行工匠精神
树立职业道德

探寻珍贵“敬业福”　争做最美敬业者

一、总体构想

1. 教育背景

（1）《中等职业学校德育大纲（2014年修订）》指出，要把学生培养成敬业爱岗的高素质劳动者和技术技能人才。“敬业”不仅是德育目标之一，也是社会主义核心价值观之一。中等职业学校要重视对学生进行立足岗位、奉献社会的职业理想教育，使社会主义核心价值观成为学生的基本遵循，内化于心，外化于行。

（2）本人所在学校开设了职业生涯规划教育相关课程，并多方面、多角度地开展活动对学生进行职业精神和岗位规范等方面的教育，为学生将来就业打下夯实基础。

2. 班情分析

本次班会面向本人所带班级（中职二年级铁路航空班）的全体学生。这个班是企业订单班。从入学第一天起，学生便开始学习企业管理条例和企业对员工的要求，本人在日常交流和观察中发现以下问题：

（1）部分学生言行比较散漫，缺乏责任心，时间观念淡薄，不能保质保量地完成学习或工作任务。

（2）部分学生遇事总是从自己的角度出发，对集体和他人缺乏奉献精神。

（3）部分学生学习目标不明确，想要取得好成绩又不愿刻苦努力，实训周表现出前期热情却后劲不足的状态，缺乏坚持的毅力。

3. 教育目标

（1）掌握敬业精神的内涵。

（2）通过案例分析和话题讨论，树立正确的职业观。

（3）增强责任意识，培养勇担重任、乐于奉献的精神。

4. 教育方法

榜样示范法、情感体验法、思辨探讨法、案例分析法。

5. 设计思路

围绕"敬业"，通过案例分析和活动体验来领悟"敬业精神"，通过"敬业精神我知道、正反案例来辨析、敬业行动今日始"三个环节开展主题教育活动，并结合铁路航空订单班的专业特色和用人单位要求，凸显专业特点。

二、活动准备

1. 教师

（1）准备电影《中国机长》、小品《机场姐妹花》视频片段。

（2）准备"最美逆行者"图片及舒缓的背景音乐。

（3）将全班分为四组并确定讨论的话题。

2. 学生

（1）课前查阅有关"敬业精神"的资料。

（2）布置教室，在教室中间空出一定的空间，并准备好桌椅。

（3）四组同学斟酌发言内容并推荐发言和参加技能比拼的代表。

（4）全员练习盘发和化妆技能。

三、实施过程

导入：从2016年春节开始，支付宝在全国推出"集五福"活动。"五福卡"分别是富强福、和谐福、友善福、爱国福、敬业福，这是以社会主义核心价值观中的五个词命名的。互动产品以游戏化的方式引导受众广泛参与"集五福"活动，其中蕴含的核心价值观广受关注、深入人心。那么哪一种"福"因出现数量较少而爆红并成为各界关注的焦点？

学生："敬业福"是五种福里面数量最少的。

教师：为什么设计者让"敬业福"最难找到？

学生发表看法。

教师：或许在马云眼中，最能决定个人能力差异的，就是是否具有敬业精神。他希望通过这样的活动，在寻找"敬业福"的过程中，让每个人都重视敬业精神。那么，今天我们就来谈谈什么是敬业精神，我们又该如何敬业。

设计意图：通过“集五福”活动激发学生兴趣，通过“敬业福”引出主题。

环节一：敬业精神我知道（8分钟）

活动一：观看视频

播放视频：电影《中国机长》片段。

教师提问：电影《中国机长》是根据2018年四川航空3U8633航班机组成功处置特情的真实事件改编。万米高空遇险情，34分钟紧急迫降，机长刘长健创造了世界航空史上的神话。请同学们思考，是什么精神创造了这一奇迹？

学生观看、思考并发言。

师生基本观点：对自己岗位的坚守，对乘客生命安全的守护，过硬的职业技能创造了这一奇迹。

活动二：明确内涵

教师提问：电影《中国机长》成功演绎了当时飞机失事后的场景，让我们看到了机长和乘务组的敬业精神。那么，敬业精神的内涵是什么？

学生将课前收集和整理的资料进行交流，发表自己的看法。

教师展示梁启超先生《敬业与乐业》原文片段：

敬便是凡做一件事，便忠于一件事，将全副精力集中到这事上头，一点不旁骛，便是敬。

业有什么可敬呢？为什么该敬呢？人类一面为生活而劳动，一面也是为劳动而生活。人类既不是上帝特地制来充当消化面包的机器，自然该各人因自己的地位和财力，认定一件事去做。凡可以名为一件事的，其性质都是可敬。

凡职业没有不是神圣的，所以凡职业没有不是可敬的。唯其如此，所以我们对于各种职业，没有什么分别拣择。总之，人生在世，是要天天劳作的。劳作便是功德，不劳作便是罪恶。至于我该做哪一种劳作呢？全看我的才能何如、境地何如。因自己的才能、境地，做一种劳作做到圆满，便是天地间第一等人。

（《敬业与乐业》——梁启超）

教师：“敬业”是指在集体的工作学习中，人们严格遵守职业道德，对所从事的工作及学习的态度，包括职业理想、立业意识、从业态度和职业道德。朱熹说：“敬业者，专心致志以事其业也。”习近平总书记在《敬业乐业为美德》一文中讲道：“敬业是一种美德，乐业是一种境界。对待本职工作，应常怀敬畏之心，专心、守职、尽责，干一行、爱一行、钻一行，尽心竭力、全身心地投入。”

设计意图：《中国机长》的精彩片段给学生以强烈的震撼感，激发学生深刻理解敬业精神的内涵。

环节二：敬业行动今日始（17分钟）

活动一：观看视频

播放2020年央视春晚小品《机场姐妹花》片段。

教师提问：结合我们的专业学习，如果遇到乘客提出一些不近情理的要求，作为乘务员的我们应该怎么处理?

学生讨论、发言。

教师：作为乘务员，我们不仅要以过硬的技能和专业素养面对乘客，更要从自身做起，注重每一个细节，让自己时刻保持最饱满的精神状态服务乘客。

活动二：技能大比拼

每组选出两位代表进行技能比拼，内容为此前实训周的主要训练内容：盘发和化妆。

规则：要求在规定时间内快速整理好自己的妆容与发型，时间一到就全部停止动作并起立。

现场邀请实训指导教师，请她选出表现最好的三位同学并颁发奖品，借此对技能实训提出要求和期望，结合班会主题，强调爱岗敬业精神。

班长课后将现场照片上传至班级学生群和家长群。

活动三：班主任总结

本次班会课，我们了解了什么是敬业精神，也认识了身边众多的敬业者。通过同学们的发言和技能比拼，我看到了同学们坚定的眼神和努力的决心，相信在座的每一位同学都会成为未来的“敬业者”。追梦路上，让我们以爱岗为桨、敬业为帆，探寻宝贵的“敬业福”！

设计意图：通过技能比拼，激发同学们的竞争意识，营造热烈的学习氛围，鼓励学生践行“敬业精神”，实现职业理想。

四、活动总结

了解敬业精神只是奋斗路上的第一步，想要真正成为“敬业者”并非几

句口号和几日的努力就能实现。本次班会课结合社会热点现象，用真实的案例诠释敬业精神，并结合学生专业，将抽象的概念具体化，激发学生的学习兴趣，提高学生的自我约束。

以“乐”为钥　开启人生

一、总体构想

1. 教育背景

（1）教职成司函［2015］38号“关于印发《职业教育与继续教育2015年工作要点》的函”强调：职业教育抓好实训实习环节德育，强化学生职业精神培养。教职成［2009］11号《关于加强和改进中等职业学校学生思想道德教育的意见》明确指出：“以就业创业教育为重点，开展职业生涯规划教育和职业指导，引导中职学生树立正确的职业观和职业理想，提高综合职业素质和能力。”“职业指导是中职学生思想道德教育的重要途径。”“中等职业学校引导学生树立正确的职业观，养成良好的职业道德行为，提高就业创业能力，促进学生顺利就业。”

（2）中国教育科学研究院对我国众多企事业单位调查研究后指出：现代企业和市场选择人才时看中的不仅是学生拥有的文凭和证书，更看重的是学生个体的基本素质、基本技能与职业精神（或指职业道德、职业意识、职业行为习惯和职业技能），即较高的职业素养。

（3）中等职业教育具有职业性的特征，学校专业设置与社会工作岗位相对应，教育的职业指向十分明确，中职生毕业后能否胜任工作岗位要求，既要看其专业知识的掌握程度，更要看其对待工作的态度和责任心。因此，在中职学校培养中职学生爱岗敬业精神，注重塑造学生爱岗敬业的良好工作态度，是我们中职学校责无旁贷的任务。

2. 班情分析

（1）召开基础。本班为学前教育专业一年级的学生，通过调查问卷分析，学生对幼教专业充满美好的幻想，但对具体工作认识不够。

（2）召开必要。现在身处幼教一线的教师基本上都是90后、00后，这一代人的成长环境优越，他们个性鲜明，抗压能力弱，再加之幼师工作辛苦，收入不高，往往出现工作压力大、无心工作的现象。因此，需加强在校生职业精神教育，在敬业、精业的基础上，针对幼教岗位服务对象（儿童）的特殊性，加强“乐业”精神教育。

3. 教育目标

（1）明确“乐业”精神的含义，理解“乐业”的重要性。

（2）能够客观地认识自己，积极向上，把工作变成一种享受。

（3）从心理上热爱未来的工作岗位，真正做到“乐在其中”。

4. 教育方法

榜样示范法、思辨探讨法、案例教学法。

5. 设计思路

表1-1

实施过程	作用
导入	视频开场，收获温暖，唤醒情感
环节一：何为“乐”	感悟心得，深度思考，定义乐业
环节二：“乐”之重	反面警示，人物访谈，产生共鸣
环节三：“乐”之境	榜样示范，明确目标，成就自我
环节四：“乐”之行	剖析自我，摆正心态，积极投入
总结	教师总结，升华主题，明确目标
拓展	宣扬精神，锻炼能力，内化于心

二、活动准备

1. 教师

（1）准备调查问卷，调查学生对幼儿教育的了解。

（2）收集“幼儿园教师虐童”相关视频。

（3）邀请幼儿园年度优秀教师做好现场连线工作。

（4）将学生分成四个小组，由班委分别负责各小组的任务分配。

2. 学生

（1）课前完成调查问卷。

（2）班委召开班委会，分配任务。

（3）课前分小组走进幼儿园，实地感受和学习，观察在岗教师的举止、神态，采访他们的心路历程，并收集照片整理成汇报文件。

（4）班委收集“正能量操”视频，课前学会。

三、实施过程

导入：播放幼儿园老师带着孩子们为实习生特别制作的视频，感谢同学们到幼儿园和孩子们亲密互动，给孩子们带去了很多乐趣。另附上学生实习时的剪影。

设计意图：借助一段温馨的视频开场，让学生看到自己努力工作后收获的温暖，唤醒学生内心最柔软的情感，让学生对幼儿教师这个职业充满美好的憧憬。

环节一：明确观点，端正态度——何为“乐”

1. 话题探讨，抛砖引玉

各组派代表上台汇报幼儿园工作心得，谈谈一日体验最大的感受。

学生主要感受：和小朋友们在一起很开心，小朋友们很天真、很可爱，但幼儿教师一天的工作太辛苦。

教师引导学生思考：幼儿园老师每天要照顾一个班二十多个小朋友，很累很辛苦，但他们依然保持微笑，每天都是满满的正能量，这是为什么？

学生畅所欲言。

基本共识：幼儿园老师们在从事这份工作时很开心，说明这份工作给他们带去了很多快乐，他们很享受这份工作，也很热爱这份工作。

2. 明确观点，端正态度

屏幕呈现孔子的“知之者不如好之者，好之者不如乐之者”字样。

教师提出问题：什么是“乐业”？

学生思考并得出结论：所谓“乐业”，就是要热爱工作。这种热爱是建立在积极乐观的情趣之上的、主动的、发自内心的快乐。

设计意图：学生切实参与幼儿园教师的实习工作后，对于幼教工作有了一定的了解和体会。同时，通过分析幼儿园教师的工作状态，揭示主题，以孔子的名言明确“乐业”的含义。

环节二：强化认识，引发共鸣——“乐”之重

1. 正反对照，激发共鸣

播放视频：某幼儿园老师因为一些小事严厉批评儿童。

教师提问：从上述事件中反映了什么？结合“乐业”谈谈感受。

学生总结：幼儿一旦不遵守规则，教师便严厉批评，对幼儿缺乏耐心和爱心。这样的行为最根本的原因就是其对教师这个工作不热爱，做法不专业。

2. 现场连线，引发共鸣

现场连线幼儿园优秀教师代表，邀请他们谈谈心中的“乐业”。

教师代表：幼教老师面对的是一个特殊群体——儿童。所以幼教老师应该比其他人更加敬畏这份职业，更加热爱自己的工作。儿童是这个世界上最美的人，我们每天看着他们像花儿一样的脸庞，和他们软软的小身体拥抱，都会让我们觉得很快乐，这是幼教这一职业带来的特有的快乐和幸福，也是我们辛勤工作的动力。享受和孩子们相处的时光，自然就会享受这份工作。

设计意图：本环节由反面事例引起学生重视，再由连线座谈正面讲“乐业”，让学生意识到幼教老师由于职业的特殊性，需要比其他行业付出更多的爱心和耐心，同时也会收获不一样的快乐，引发学生对“乐业”的共鸣。

环节三：榜样激励，成就自我——“乐”之境

资料一：视频《快递小哥月薪八万》

视频讲述了京东的一位普通快递员黄少波在网上晒出了自己近八万元的工资单。2019年3月，他的总揽件数量为十三万件，当月他的工资全部是揽件提成。视频还讲述了月薪背后他获得大企业快递单的过程。

资料二：《你就是孩子最好的玩具》

作者金伯莉·布雷恩在世界上首次提出了“情感引导式教育”。在此之前数年，她曾是圣地亚哥一所幼儿园的普通教师，她发现身边很多老师都会有关注和听取孩子们心声的想法，但很多时候却无暇顾及。她凭借自己对孩子和工作的热爱，潜心研究所谓的“问题儿童”，最终结合自己的工作经验总结出“情感引导式教育”的理念，并成为专业的注册家庭与儿童心理治疗师。

教师提问：结合“乐业”谈谈两则资料里的人物经历，给了你什么启发？

学生思考，并交流看法。

教师总结：他们不仅仅是把工作当成一种谋生的手段，而是用心去寻找自己在这份工作中的存在感，享受这份工作给他们带来的成就感。他们的付出，不仅仅帮助了问题儿童，更是在工作中不断地提升自我、成就自我。

设计意图：通过两位典型人物的成功经历，鼓励学生全身心地投入工作并以此为乐，在平凡的岗位上锻造不平凡的自己，因“乐业”成就更好的自我。

环节四：正视自我，积极向上——“乐”之行

1. 剖析自我，正视症结

教师：明确了幼教职业的特殊性和对从业人员的要求，那么，我们再把目光投向自己身上，审视自己——幼教这个职业我真正喜欢吗？我的能力能胜任吗？我能坚持多久？在实习过程中，我发现自己还有哪些不足？

学生结合实习过程，剖析自我，反思自我。

教师激发学生畅所欲言，帮助学生客观认识自己，发现自己存在的问题。

学生将自己的问题列下来，制定改进计划。

2. 活动激励，充满能量

全班起立做正能量操。

3. 调整心理，整装待发

PPT呈现，学生共读《七大心理调整规则》

规则一：忠实于事业

想一想做对人对事业有好处的事情。

规则二：忆忆过去

想一想那些比自己还艰难的人。

规则三：人生冷遇热处理

想一想高兴的事情。

规则四：通过奋斗获得幸福欢乐

想一想能否得到自己应得的一份。

规则五：新目标带来幸福欢乐

想一想未来的目标，唤起新的希望。

规则六：人际关系和谐是“乐业”的基础

想一想别人待自己的好处。

规则七：乐中求进，使人常乐

想一想如何济世救人。

设计意图：职业只是人生的一部分，对待人生的态度，也就决定了对待职业的态度。本环节通过剖析自我，找出问题，再到正能量操和《七大心理调整规则》，帮助学生形成积极的心态，提高主观能动性，正视自己，发现幼师工作的乐趣与价值。

四、总结拓展

1. 教师总结

高尔基曾说过："天才，是由于对事业的热爱而发展起来的。"爱岗敬业是各行各业生存的根本之基。一个人要想在社会上立足，干出一番事业，就必须具备爱岗敬业的品德。乐业能让人进入一种忘我的境界，与自己所从事的工作融为一体，让人的情感、智慧、才华喷涌而出，奉献给社会大众。作为未来的幼教老师，我们身上承担的使命更重，因此我们要在心理上享受每一天的工作，把工作当作生活的一部分，"乐"在其中。你会因工作而快乐，工作会因你而精彩。

2. 拓展活动

课后班委组织开展"爱岗敬业"演讲比赛，在锻炼表达能力的同时，以赛促学，使得爱岗敬业精神内化于心。

五、活动反思

职业教育在新的时代被赋予了更加重要的职能，要解决社会的就业难题，途径之一就是要做好中职学生爱岗敬业精神的培养。本次班会课，从思想上明确、重视，从行动上实践、完善，强化学生"乐业"的职业精神，培养适应社会发展需要的中职人才。

淬炼工匠精神　涵养职业人生

一、总体构想

1. 教育背景

（1）在2016年的政府工作报告中，李克强总理提出“要培育精益求精的工匠精神”。根据《中等职业学校职业指导工作规定》（以下简称《规定》）要求，培育学生的工匠精神和质量意识，为融入社会、就业创业和职业生涯可持续发展做好准备。

（2）依据《规定》要求，我校在开设应有的职业生涯规划课程基础上，还开设了就业指导、创新创业等课程，同时开展实训实习及校内外拓展活动，组织学生参观企业生产现场、观摩人才招聘会等活动，增强学生的职业体验，提升职业素养。

2. 班情分析

本次授课对象为中职机电技术应用专业高三的32名男生，他们即将奔赴实习岗位。通过以往的教育活动，他们对工匠精神有了一定的了解，可以说出工匠精神的部分关键词，但大部分学生没有将工匠精神与自己的专业提升、职业发展联系起来。因此，提升学生对工匠精神的全面认知，将工匠精神与自身专业、职业发展紧密结合尤为必要。

3. 教育目标

（1）理解工匠精神的内涵，了解工匠精神的意义。

（2）通过班会活动，感悟工匠精神对专业成长、职业发展、人生规划的引领作用，提升职业道德。

（3）通过认知与感悟，立志践行工匠精神，制定具体的目标和规划，长期落实。

4. 教育方法

榜样示范法、思辨探析法、案例教学法、头脑风暴法。

5. 设计思路

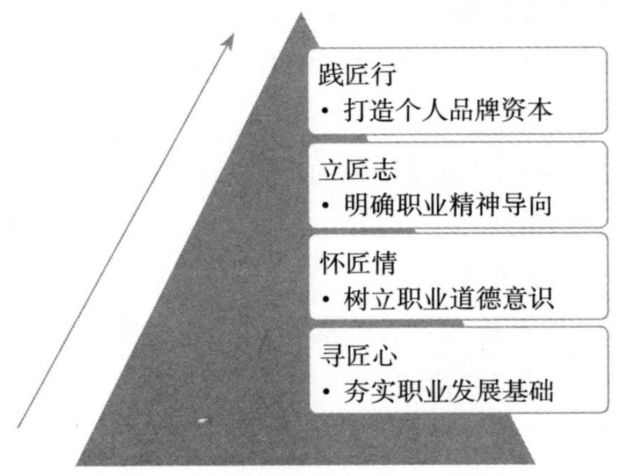

图1–1

二、活动准备

1. 教师

（1）准备《大国工匠》第六集“大技贵精”节选视频。

（2）邀请我市知名企业太阳雨集团电工组长参与班会（根据实际情况，可现场连线，可提前采访录制，也可邀请到现场）。

（3）与学生共同商榷活动流程，布置学生课前任务。

（4）准备其他有关主题活动的图文素材。

2. 学生

（1）课前自选观看《大国工匠》系列纪录片，列写主人公身上的关键词。

（2）上网搜集李佳琦的成名故事。

（3）每个人上传一张自己最满意的电路接线板的照片到班级网络学习平台，为好作品点赞。

（4）准备电工工具和铜芯导线若干。

三、实施过程

导入：一份送给工匠的礼物。

教师将一份包装好的礼物放在讲台上，表示最有可能成为工匠的同学可以拥有。

设计意图：神秘礼物，引出主题，创造竞争，激发兴趣。

环节一：寻匠心——夯实职业发展基础（10分钟）

活动一：名匠之光照我心

播放视频：《大国工匠》视频第六集“大技贵精”节选——中铁集团电工李刚改进接线盒。

教师提问：李刚顺利完成任务的关键是什么？他为什么最终完成了任务？他具有什么样的精神？

学生观看、思考并发言。

师生明确：他改良接线方式并准确完成50个接线盒的连接，他具有坚韧、创新，一丝不苟的工匠精神。

活动二：进取之心近匠心

（1）教师提问：那么，什么是工匠精神呢？

学生发言，结合课前观看的视频资料展开交流，揭示其内涵：敬业、精益求精、专注、创新……

（2）教师提问：除了以上基本内涵，大国工匠的身上还有哪些特质让你觉得珍贵？

学生补充回答，并简单阐述该特质珍贵的原因。

学生理解的工匠精神还包括：好学、技高、无私、宁静、乐业、爱国、淡泊、挑战……

教师小结：这正是政府工作报告中，李克强总理要求的“要培育精益求精的工匠精神”。

设计意图：通过机电行业名匠事迹，将专业与行业对接，通过思考、总结，明确工匠精神内涵，并通过学生的理解将工匠精神延伸开来，让工匠精神更加立体、鲜活，形成契合学生自身特点的“匠心”，为学生职业发展奠基。

环节二：怀匠情——树立职业道德意识（15分钟）

活动一：匠情汇入爱国情

（1）教师提问：为什么工匠精神会被写进政府工作报告？

《时局图》——19世纪帝国主义列强瓜分中国河山的严重危机，告诉人们“落后就要挨打”。

外国人抵制“中国制造”示威游行图——近年来，进口国尤其是西方发达国家对中国产品的质量质疑声增多。

全班思考，发表感想。

师生小结：落后就要挨打，粗制滥造会影响国家尊严和国际形象。

（2）教师提问：工匠精神与国家强大有什么样的联系？

学生讨论，发表观点。

师生小结：工匠精神是个人职业精神、职业道德的基石；工匠精神是企业提高品质、良心制造的支撑；工匠精神是社会摒弃浮躁、求真务实的风向标；工匠精神是从制造大国到制造强国的重要条件。

活动二：道德之心化匠情

（1）教师提问：有人说，我只是一个中职生，工匠精神离我很远。那么，我们真的触摸不到工匠精神吗？

学生反思。

教师提问：如果把我们机电专业的中职生比作一根根不起眼的导线，那么同学们，一根导线可以应用在哪些场合？

学生思考并回答：导线应用的场合非常广泛，玩具、家电、汽车、飞机、各类机器……（预测）

（2）教师提问：如果这根导线不小心接错了，会产生什么样的后果？

学生思考并回答：故障、停电、短路引发火灾，造成经济损失，甚至危害生命安全……（预测）

小结：这根小小的导线就是我们，我们每个人的工匠精神对企业、社会都有着重要的作用，再平凡的岗位也需要工匠精神。

活动三：匠情助力职业路

（1）教师公布课前接线作业获赞较多的同学，并现场采访：接线当中、完成电路时是什么心情？获赞很多是什么心情？

同学回答：接线时比其他人更耗时、更累，接完看着自己的电路很整齐、检修方便，很有成就感，获得大家点赞有强烈的自豪感。

（2）教师引导：大家说一说认真接完电路时的感受。

学生回答：

① 看到电路漂亮、机器正常运转是一种乐趣。

② 作为一名工人，认真完成自己的工作，不仅是对企业还是对他人负责，这是工人应该有的职业道德。

设计意图：从家国情怀、道德认知、个人发展三个层面启发学生对工匠精神的认可，将工匠精神以匠情的形式内化为职业道德。

环节三：立匠志——明确职业精神导向（10分钟）

教师引导：网络上有个很火的段子“何以解忧，唯有暴富”，我们班也有同学表示崇拜李佳琦、李子柒这些“一夜暴富”的主播，那么他们暴富的秘密你们知道吗？

活动一：“一夜暴富”的秘密

学生分享：李佳琦并非一夜暴富，在他做导购时便认真钻研美妆，当上主播后他可以用3秒钟的时间在上万支口红中找到指定的口红，每天只睡4个小时，3天瘦7斤，为了让客户挑到满意的口红，他不断涂在嘴巴上，嘴唇一度发炎、溃烂……

教师提问：李佳琦成功的秘诀是什么？这是什么精神？你有什么启发？

学生思考，小组交流。

师生小结：李佳琦专注、敬业、精益求精、勤劳、创新，这样的精神是工匠精神；工匠精神不仅制造业需要，其他行业也需要。

活动二：坚守初心立匠志

教师提出话题：如果我们爱岗敬业、精益求精，却没有被晋升提职，也没有获得更多的财富，我们是否还要坚守工匠精神？

学生集体讨论。

教师正面引导：工匠精神是我们内心深处的信仰，是自我认可的价值导向，不应以外界的变化而变化，这是工匠之志。

活动三：匠志融入新时代

教师引出话题：匠志与财富对立吗？两者如何兼容？

师生讨论并达成共识：匠志并不是淡泊名利，而是在坚守的同时融合创新与智慧，懂得团队协作，君子取财有道——技能+道德+智慧。

设计意图：通过案例帮助学生明确，任何岗位都离不开工匠精神；通过提出话题，学生在讨论和争辩中将工匠精神与职业精神联系起来，并赋予工匠精神新时代的解读，更加合理地树立成长目标，为适应社会、就业、创业做好准备。

环节四：践匠行——打造个人品牌资本（10分钟）

活动一：电工组长话匠行

与地方知名企业“太阳雨”集团电工组长现场连线（也可提前录制）：

（1）您自己是如何从普通工人晋升为组长的?

（2）在管理过程中遇到了哪些问题?

（3）招工时更看重应聘者的哪些条件?

教师总结：职业技能与职业精神是入职的门槛，工匠精神是职业持续发展的动力和源泉。

活动二：我与师傅大比拼

邀请电工实训教师和3位挑战者上台完成接线基本功比拼：硬导线折直角、硬导线与螺丝连接。

实训老师点评挑战者的作品。

教师采访挑战者感受：你觉得谁的作品好？为什么?

挑战者对比、回答。

师生小结：技艺不是靠一两天练就的，需要千锤百炼。

活动三：我的一万小时计划

教师阐述：作家格拉德威尔提出了一万小时定律——不管什么事情，坚持一万小时，就可以成为该领域的专家。请大家制定自己的“一万小时”计划。

学生思考、制订自己的“一万小时”计划。

表1-2

我的一万小时计划			
目标			
我的计划	我的小目标	每天耗时	坚持天数

活动四：寻找“班级工匠”

现在请大家根据课堂表现，评选出3位“班级工匠”。

在音乐声中分发礼物——3枚“班级工匠”字样的徽章。

教师总结：工匠精神不是遥远的，也不是过时的，它在每个人的肩膀上落脚、在心中生根、在磨炼中发芽、在勤劳的双手中开花！带着工匠精神，我们的心中就会有指引前行的明灯，在埋头苦练时获得能量，职业迷茫时明确方向，困难重重时启迪智慧，名利傍身时回归踏实……

设计意图： 匠行与企业实际对接，让工匠精神落地；技能比拼、制订计划帮助学生具化匠行的内容；树立榜样、利用徽章形成长期激励的精神力量。

四、课后拓展

（1）利用“101计划”App每天打卡，完成一万小时计划。

（2）完成一个小目标后申请徽章升级：班级工匠、系部工匠、学校工匠。

（3）认真参与顶岗实习，在实习中践行工匠精神，在每天的实习报告中增加践行感悟。

（4）成为工匠精神宣传员，鼓励身边人积极践行工匠精神。

五、活动总结

通过本次班会，学生认识到了工匠精神的内涵，树立了正确的价值观；通过案例分析、师生讨论，明确工匠精神对个人发展、社会稳定、国家富强的重要意义；通过解读工匠精神，帮助学生树立职业道德、职业精神，为融入社会、就业创业和职业的可持续发展做好准备。

练焊枪技艺　承工匠精神

一、总体设计

1. 班会背景

（1）在2016年全国两会上，李克强总理提出了“培育精益求精的工匠精神”。这是“工匠精神”首次出现在政府工作报告中。此后，“工匠精神”一语风行，在社会上引起了强烈反响。

（2）职业学校肩负着为国家输送高素质技能人才的重任。

（3）2018年“嘉克杯”国际焊接大赛，我校焊接专业李阳同学，获得难度最高的四合一综合成品件组合项目一等奖第一名，并获此大赛“最佳试件奖”。在此激励下，学校师生掀起了向李阳同学学习的热潮。

2. 班情分析

（1）召开的基础：焊接专业一年级学生均为男生，文化基础普遍较弱，对专业课虽然有一定的兴趣，但缺乏执着坚持的精神。学生实习中动手能力较强，但认为焊接只是将两个零件焊接起来即可，缺乏对焊件精益求精、追求极致的职业品质。

（2）召开的必要性：职业学校肩负着为社会提供坚实的人才保障的重任，为使学生养成良好的职业习惯，培养专、精的职业精神，对学生进行工匠精神的培养尤为重要。

3. 教育目标

（1）了解工匠精神的内涵，明确工匠精神在专业发展中的重要性。

（2）培养学生对工匠精神的认同感，激发学习热情。

（3）通过榜样的力量，学生结合专业特点自我剖析、查找不足，付诸行动，践行工匠精神。

4. 教育方法

榜样示范法、故事启迪法、小组交流讨论法。

5. 设计思路

表1-3

设计环节	设计意图	教育原理或方法
认知——识匠心	观看视频，感悟思考，认知工匠精神	小组讨论法
感悟——明匠义	正面引导，反面警醒，感悟精神含义	故事启迪法
探究——立匠志	立足专业，榜样引领，探究工匠精神	榜样示范法
成长——践匠行	制订计划，脚踏实地，践行工匠精神	预期效应

二、活动准备

（1）教师：收集相关报道，准备《大国工匠》视频片段和“SWOT”分析表；

（2）学生：设计板报，编排情景剧，邀请“全国最美中职生”李阳同学；

（3）师生共同准备：布置环境，营造氛围。

三、实施过程

暖场活动——播放歌曲《大国工匠》。

设计意图：烘托主题班会气氛。

环节一：认知——识匠心

活动一：师生观看报道

报道简介：学校一年一度的科技创新节拉开了帷幕，今年的主题是“专注科技创新，弘扬工匠精神”。这在全校掀起了学习工匠精神的热潮，营造了“技能宝贵、创造伟大、崇尚一技之长”的校园氛围，达到了弘扬时代工匠精神，彰显技能人才光辉风采的目的！

师生讨论：什么是工匠精神？

教师预设答案：精益求精、专心专注、注重细节。

活动二：师生共同观看《大国工匠》系列片——大术无极

（1）观看视频。

内容简介：中国兵器工业集团首席焊工卢仁峰的工作，就是把坦克的各种装甲钢板连缀为一体。一辆坦克由数百块装甲钢板焊接而成，长短焊缝达800多条，焊接质量是坦克装甲强度的重要保障。卢仁峰负责焊接最关键、结构最复杂的驾驶舱。焊接异性结构在国际坦克生产中是一道难题，卢仁峰不仅解决了这个难题，且交出100%合格的产品，而这些产品是他仅靠一只手操作完成的。

（2）思考并提炼工匠精神的内涵。

（3）达成共识：工匠精神包含了爱岗敬业、精益求精、专注坚持、不断创新等职业品质。

设计意图：观看视频激发兴趣，思考并领悟工匠精神的内涵。

环节二：感悟——明匠义

活动一：分析反面教材——小品《差不多先生》

（1）赏小品——学生自编自演。

小品简介：某位同学以“差不多就行”的态度实习，别人勤学苦练的时候，他却在偷懒玩手机，工作草草交差。结果毕业了，别人应聘上了心仪的岗位，而他却无人问津。

（2）谈感想——“差不多”的危害。

达成共识：“差不多”其实是“差太多”。作为一名焊接专业的学生，要深知精确、精准的重要性。1毫米的焊缝都是需要精益求精的，如果学习中报有“差不多”的态度，虽差之毫厘却会谬以千里，从而影响自己的职业生涯。

活动二：微演讲《奋斗的青春最美丽》

（1）班长演讲，师生聆听。

演讲片段："我们30岁以后过得好与坏，往往在于我们今天做了些什么，今后十年里做了些什么。我不想在十年之后的同学会上，看谁的脸色，奉承赔笑；我不想当自己遇见心仪的女生，因为顾虑自身的外在、内涵等等，而不敢接触；我更不想当我的父母老去的时候，无法给他们安逸的晚年。"

（2）讨论：我们若想获得想要的生活，需要付出哪些努力？

（3）共识：为了得到自己想要的生活，需要努力学习，掌握一流的专业技能，具有职业精神（工匠精神），不断打拼。

设计意图：通过小品的反面震慑和演讲的正面引导，营造了氛围，同学们明白培养工匠精神的意义，从而强化了主题。

环节三：探究——立匠志

活动一：分析原因找差距

（1）播放同学们实习时焊接的工件的照片，里面包含了2018年"嘉克杯"国际焊接大赛一等奖获得者李阳同学的焊件。

（2）教师：大家来点评一下每件工件的优缺点及缺点产生的原因。

学生点评：缺陷有咬边、焊穿、未焊满、表面气孔、焊缝等，优点有焊缝完整、美观、无缺陷等，原因是练习不够，不专心等。

（3）找差距：请大家将自己的工件和李阳学长的工件进行对比，找找焊接水平的差距。

活动二：榜样力量来引领

邀请"全国最美中职生""全国优秀共青团员"李阳同学介绍他的专业成长之路，分享他的职业理想，以及为职业理想所付出的艰辛努力。

（1）李阳讲话简介：来自农村，父亲腿神经断裂，丧失了劳动力；母亲视网膜色素变性，近乎失明。"作为家里唯一的男孩子，我必须有一技之长，我要努力，要奋斗！""多少个日日夜夜，我放弃了休息，为1毫米的焊缝精确度奋斗着。""既然你认定了一件事，就专注地做下去。"

（2）启发：李阳学长的奋斗经历体现了什么样的职业精神？我们应当怎么做才能达到工匠精神的要求？

（3）现场交流：同学们现场提问，李阳同学答疑解惑，传授焊接技能练

习的要点。

小结：李阳同学焊接时不放过每一个细节，他精益求精、执着坚持，体现了可贵的工匠精神。我们要向他学习，以工匠精神引领专业学习，锤炼技能，不断满足企业的需要。

设计意图： 通过榜样引领找差距，反思自己的不足，进而思考怎样做才能达到工匠精神的要求。

环节四：成长——践匠行

活动一：制订计划

面对即将开始的科技创新节“专注科技创新，弘扬工匠精神”，焊接专业的比赛内容为组合件的焊接，同学们以工匠精神为引领，进行“SWOT”分析，制订训练计划。

表1-4

优势（Strengths）	劣势（Weaknesses）
机遇（Opportunities）	挑战（Threats）
短期计划	长期目标

达成共识：想要成为符合企业要求的“工匠”，我们需要苦练技能，明确自己的奋斗目标。

活动二：教师总结

为实现中国从全球制造大国到制造强国的跨越，2015年5月8日国务院正式印发《中国制造2025》，是中国实施制造强国战略第一个十年的行动纲领。中国要迎头赶上世界制造强国，成功实现中国制造2025战略目标，就必须在全社会大力弘扬以工匠精神为核心的职业精神。只有当敬业、精益、专注、创新的工匠精神融入生产、设计、经营的每一个环节，实现由“重量”到“重质”的突围，中国制造才能赢得未来。作为职校学生，技能是成就我们美好未来的关键因素，而工匠精神是我们成功路上的灯塔，指引我们不断进步。我们只有在学校学好技能、掌握本领，将来才能在社会上立足。

活动三：师生合唱《我的未来不是梦》

在激昂的歌声和热烈的氛围中，结束班会。

设计意图：完成对未来的规划，确定奋斗目标。践行主题，将意识转化为行动。

四、拓展延伸

（1）“读”：阅读工匠精神的读本，学习工匠身上的优秀品质；利用班级群进行交流，分享对工匠精神的感悟。

（2）“看”：观看《大国工匠》，将职业理想和祖国的发展结合起来，培养爱国主义精神。

（3）“比”：参加校技能竞赛，以赛促学，营造你追我赶的学习氛围。

五、活动总结

通过本次主题班会，学生能够理解工匠精神的内涵，对工匠精神有一定的认同感并在专业学习中继承和发扬工匠精神，不断锤炼自己的技能，努力成为中国制造的中坚力量。

摒弃浮华　爱岗敬业

一、总体构想

1. 教育背景

（1）《中等职业学校德育大纲》（以下简称《德育大纲》）要求，培养学生爱岗敬业的职业观和职业理想，是中等职业学校开展德育工作的一项重要内容；《德育大纲》提出中职学段应当培养学生的职业品质与职业精神，使中职生能契合新的时代要求，成为社会需要的高素质技术人才。

（2）本人所在学校尤为重视对学生职业观和职业理想的培养，学校投入大量人力、物力、财力，建成软硬件完备的实训实习基地，并聘请经验丰富且有资质的教师对学生进行专业教学与培训辅导；借助德育、心理健康等课程宣传并贯彻爱岗敬业的职业观；利用主题班会等活动深入弘扬高尚的职业道德精神，提升学生的精神生活水平；通过精神引领、示范引导、实践感悟等，让学生在耳濡目染中树立职业理想和爱岗敬业的职业观。

2. 班情分析

本次班会面向所带班级的全体学生。本班为中职一年级市场营销专业，该专业实践性较强，对应的职业群系统也比较庞大，涉及销售、策划、商务等知识领域，属于未来社会人才需求量较大的专业。纵观本班学生，大部分个性浮躁，习惯不好，做事爱偷懒应付。时代对爱岗敬业的职业精神有较高要求，故培养本班学生爱岗敬业的职业观，树立职业理想尤为重要。

3. 教育目标

（1）敬业的职业精神内涵。

（2）感悟爱岗敬业职业精神的魅力。

（3）明确爱岗敬业的职业精神对于人生发展的重要性——摒弃浮华，成就精彩人生。

4. 教育方法

榜样示范法、同伴互助法、思辨探讨法、案例分析法。

5. 设计思路

以“摒弃浮华，爱岗敬业”为主线，通过体验、讨论和分享等活动领悟爱岗敬业职业精神的重要性与具体做法，主要以“实事展播——集思广益——见仁见智——摒弃浮华”四个板块，开展主题教育活动。

二、活动准备

1. 教师

（1）多媒体教学PPT。

（2）小纸盒。

（3）讨论的话题。

2. 学生

（1）课前查阅有关爱岗敬业职业精神的资料。

（2）布置教室，营造氛围。

（3）小组成员准备发言材料。

（4）准备彩色卡纸。

三、实施过程

导入：播放《爱岗敬业歌》，借助高亢激昂的音乐旋律，营造主题班会氛围。

设计意图：借助激昂的音乐旋律，调动学生积极性，激发学生参与兴趣。

环节一：事迹探讨（10分钟）

1. 视频播放

借助多媒体播放纪录片《全国敬业奉献模范事迹》有关中航工业沈阳飞机工业集团有限公司总经理罗阳的片段。

教师启发学生思考：这段视频中大家看到了主人公罗阳的哪些精神？

学生观看，思考后发言。

学生作答，师生总结：这段视频反映出罗阳执着、坚守、爱岗敬业、无私奉献的精神。

2. 挖掘内涵

教师提问：那么，什么是爱岗敬业的职业精神呢？

学生发言，将课前收集和整理的资料进行交流，达成共识。

师生总结：爱岗敬业的职业精神是认真对待自己的岗位，对岗位职责负责到底，勤奋有加。爱岗敬业是人类社会最为普遍的奉献精神，它看似平凡，实则伟大。爱岗就是热爱自己的工作岗位，热爱本职工作。敬业就是要用一种恭敬严肃的态度对待自己的工作。

设计意图：通过播放视频片段，揭示班会主题；通过小组交流，明确爱岗敬业职业精神的内涵。

环节二：集思广益（15分钟）

活动一：问卷调查

在线调查：借助“问卷星”发放调查问卷，调查学生专业学习情况。

展示结果：利用多媒体投影学生专业学习情况分析表。

教师总结：分析表呈现出我班同学在专业学习方面存在一定的问题，如目标缺失严重、学习习惯较差、学习存在惰性等。如果想要确保自己能够顺利与社会接轨，就必须意识到爱岗敬业的重要性，意识到培养良好的学习习惯的重要性，让自己成为有价值的社会人。

活动二：分析总结

教师：通过调查问卷分析可知，我班大部分学生专业学习情况不理想，造成这些现象的原因有哪些呢？

小组讨论，小组代表发言。

师生探讨总结：通过小组讨论，我们分析原因主要有：①人生理想缺失；②容易自我满足；③安于现状。

设计意图：通过在线调查、学生小组讨论、师生总结，引导学生重视专业学习情况，发觉自己在职业精神方面的欠缺之处。

环节三：见仁见智（10分钟）

活动一：故事续编

设置情境：小赵由于初中学习基础较弱，中考没有进入心仪的高中，最后他选择进入当地一所职业学校。进入职校后小赵选择了较感兴趣的机械专业，后来在三年的职校学习中，小赵……

毕业后，小赵由于专业知识掌握牢固、经验丰富、任劳任怨、勤勤恳恳，最终被当地一家知名机械企业录用。重要的是他并没有因为找到了一份好工作而放纵自己，而是在自己的岗位上默默奉献，爱岗敬业。三年后，他成为该企业的车间技术负责人。

教师提问：小赵是如何用三年的职校时光进行学习的？请大家发挥想象，补充故事情节。

小组讨论，小组代表发言。

师生明确：小赵最终取得好成绩，一定是在三年的职校学习中目标明确、认真学习、细致刻苦、精益求精。

教师总结：小赵之所以毕业后能够顺利入职、快速升职，都是源于他认真、努力、刻苦和钻研的敬业心，他在工作中发挥了爱岗敬业的职业精神。可见，爱岗敬业的职业精神是学生毕业后立足社会、谋求发展的重要保障。

活动二：切身研讨

设置问题：请大家结合小赵的成功经历和班级专业学习情况，思考中职生该如何培养爱岗敬业的职业精神？

小组之间展开讨论，师生共同探讨并得出结论。

中职生培养爱岗敬业的职业精神需要做到如下几点：

态度端正，勤恳踏实。

学习严谨，一丝不苟。

热爱所学，乐于奉献。

专业、精业、敬业。

志向高远，淡泊名利。

设计意图：通过故事续编激发学生兴趣；借助小组进行问题探讨，明确培养爱岗敬业的职业精神的必备要素。

环节四：摒弃浮华（10分钟）

活动一：情景拓展

情景模拟：教师充当招聘会面试考官。教师在黑板上写出与本班专业相关的几个岗位，学生根据个人实际情况选择适合自己的岗位，并总结出自己能够胜任的优势。

教师进行适当的引导与总结。

师生讨论总结：通过活动，我们可知，当同学们面临毕业就业时，我们所具备的专业能力与实践经验、职业素养、行为习惯、性格爱好对我们能否顺利就业起着决定性作用。

活动二：丢弃恶习

在课前准备的小卡纸上，对照爱岗敬业职业精神写下自己在学习中暴露的不良习惯，以及性格与行为等方面有待改进之处，并写上姓名，陆续将小卡纸放入教师准备的纸盒里。

活动三：点题升华

希望同学们能够将这些不良的行为习惯丢弃，培养精益求精的爱岗敬业职业精神，真正做到学有所用、学有所成。

设计意图：通过招聘活动，激发学生参与的热情，了解自己的专业学习情况、个性特点及不足之处；借助丢弃恶习活动，帮助学生树立信心，明确自己的行动方向与实施方法，从而助推爱岗敬业职业精神的培养。

四、课后拓展

（1）开展“爱岗敬业职业精神”评比活动。

（2）邀请本地企业爱岗敬业优秀员工开展系列讲座。

五、活动总结

通过本次班会，引导学生掌握爱岗敬业的职业精神的内涵，明晰中职生应该如何树立爱岗敬业的职业精神，清楚欠缺爱岗敬业的职业精神对个人人生发展的不良影响，能够认真总结自身专业学习的不足，以及正视个人行为习惯的问题，增强爱岗敬业的职业意识，促进个人社会价值的实现，成就人生理想。

附调查问卷：

中职市场营销专业学生对专业学习情况调查问卷

亲爱的同学们：

你们好！为了进一步了解中职市场营销专业学生学习专业的动机、态度和习惯，特制作此问卷。你的答案没有对错之分，不会给你带来任何负面影响。请你根据自己的情况如实作答，谢谢你的配合！

1. 你的性别是（　　）。

A. 男　　B. 女

2. 你的年龄是（　　）。

A. 16岁　　B. 17岁　　C. 18岁　　D. 19岁

E. 20岁及以上

3. 你为什么选择市场营销专业？（　　）

A. 自己感兴趣　B. 父母意愿　C. 就业前景　D. 其他

4. 你认为你所学的市场营销专业课程的难度如何？（　　）

A. 很难，不能接受　　B. 勉强接受

C. 能接受　　D. 过于简单

5. 读营销专业，你毕业以后最想做什么事情？［多选题］（　　）

A. 创业　　B. 成为一名优秀的销售员

C. 继承自家事业并发扬光大　　D. 找一份满意的工作

E. 其他

6. 你对所学的营销专业现状和前景是否十分了解？（　　）

A. 了解　　B. 一般　　C. 不了解

7. 你认为学习专业课重要吗？例如，市场营销、电子商务等。（　　）

A. 重要　　B. 一般　　C. 不重要

8. 你有明确的专业学习目标吗？（　　）

A. 有　　B. 没有

9. 你有良好的专业学习习惯吗？（　　）

A. 有　　B. 没有

10. 你希望获得的最高文凭是（　　）。

A. 中职　　B. 大专　　C. 本科　　D. 研究生或更高学历

E. 无所谓，没想过

回答完毕，再次感谢你的支持！

2

第 二 篇

规划职业生涯
成就青春梦想

树立终身学习信念　拥抱美好未来

一、总体构想

1. 教育背景

（1）十九届四中全会会议公报指出，要健全有利于更充分更高质量就业的促进机制，构建服务全民终身学习的教育体系。2019年2月，中共中央国务院印发《中国教育现代化2035》，其中提到，构建服务全民的终身学习体系。建立全民终身学习的制度环境，建立国家资历框架，建立跨部门跨行业的工作机制和专业化支持体系。强化职业学校和高等学校的继续教育与社会培训服务功能，开展多类型多形式的职工继续教育。

（2）中国现在正处于高速发展阶段，社会变革日益加剧，在物质和精神领域，没有一成不变的稳定。因此，要适应现代社会不断发展变化的形势需要终身学习。教育不应该随着学校教育的结束而终止，社会变革因素迫使人们逐步树立"教育持续终身"的基本观念。

（3）近几年，随着我国教学改革的不断深入，整个教学体系和架构更加规范全面。中职校是普通高中的重要补充，中职生独具特点。为了中职生的未来就业，保证其终身学习和职业生涯的可持续发展能力尤为重要。

2. 学情分析

（1）召开基础。本班学生为学前教育二年级学生，他们多才多艺、积极向上，对学前教育专业课程已有了基础性的认知，但求知欲不强，没有养成较好的学习习惯。

（2）召开必要。目前，社会对幼儿教师从业者人数需求量增加的同时，对幼儿教师的教学质量提出了更高的要求。学前教育中专学历在今后的就业中会受到限制，这使得学生对未来的职业选择、人生发展感到迷茫。

3. 教育目标

（1）明确“终身学习”的意义，理解终身学习与职业生涯可持续发展的关系。

（2）能够将终身学习作为人生目标，并落实到行动中，养成主动学习、持续学习的良好习惯。

（3）坚定终身学习的信念，为职业生涯可持续发展做好准备。

4. 教育方法

案例教学法、合作学习法、讨论交流法。

5. 设计思路

本次班会以“终身学习和职业生涯可持续发展”为主题，通过“明确终身学习——增强学习意识——坚定职业信念——把握人生方向”四个环节，结合学前教育专业未来就业难问题，帮助学生解决困扰，明确目标。

二、活动准备

1. 教师

（1）教学平台布置课前任务。提供2位人物：柳传志、于光远，要求学生分组认领其中1位并收集他们的成功经历。

（2）准备影音视频等相关资料。

（3）联系校内就业指导老师，咨询学前教育专业未来职业发展的相关问题，共同整理材料，并邀请进班指导。

2. 学生

（1）分成4个小组，以团队形式参与班会活动。

（2）课前登录平台查阅任务，并分小组合作完成，制作汇报课件。

（3）了解本专业未来就业形势和发展趋势。

（4）查阅有关终身学习的资料。

三、实施过程

1. 分析成功案例，明确终身学习

（1）学生分小组汇报课前收集的人物经历，并上台介绍。

柳传志，联想CEO。从创业初期的“倒爷”，经历一次次的失败和被骗，到不放弃，最终取得成功。

于光远，著名经济学家，可谓活到老、学到老的践行者。84岁开始学习使用电脑，86岁建立了自己的网站，后来又打算写“博客”。不想落后于时代的于光远，以乐观的生活态度治学为文、安享晚年。头顶“著名经济学家”桂冠的于光远晚年又开始攀登文学高峰，散文出手不凡，自称“21世纪文坛新秀”。90岁之前，于老出版了75部著作，其中包括散文集《古稀手记》《窗外的石榴花》《我眼中的他们》《周扬和我》《我的编年故事》等。

教师提问：分析这2位人物的经历有什么共同点？

学生发表看法。

得出结论：他们一直在努力，不断地学习，不断地突破自我，走在时代前沿，才有了今天的成就。

（2）PPT呈现“终身学习”的定义。

学生明确：终身学习是每个社会成员为适应社会发展和实现个体发展的需要，贯穿于人一生的、持续的学习过程。也就是说，人的一生都要不断地、持续地学习。学习并不仅仅发生在人一生中的特定阶段，还是一种持续一生的活动。

设计意图：通过对人物经历的分析，引出班会课主题，并明确终身学习的含义。

2. 增强学习意识，紧跟时代步伐

（1）播放视频《将要被人工智能取代的十大职业》。

内容介绍：

根据麦肯锡全球研究所2017年对46个国家中800个职业的调查发现，到2030年，全球将有8亿人的工作将被人工智能取代，占到全球劳动力的1/5。随着人工智能技术的突飞猛进，一些重复性的工作将被人工智能代替。比如，阿里巴巴的智能设计平台“鹿班”，每秒钟可设计8000张海报；京东的亚洲一号智能分拣中心，日处理订单100万单以上，是人工速度的5倍以上。

（2）PPT展示。

展示几个不同年代教师上课使用的工具——“幻灯机”“PPT”“电子白板”的照片。

（3）邀请学生结合视频和照片发表感想。

有的学生认为，作为一名教师，如果不去学习新的知识和技能，可能连教学工具都不会用。

有的学生认为，不同的时代对技能的要求不一样，从幻灯机到电子白板，看上去是设备的淘汰，实际上是技术的淘汰，这些使用工具的变革，迫使人们不断地学习新的技能。

有的学生认为，人工智能的发展，将会使我们不可能一辈子单纯地从事某个单一的工作或者掌握一种技能。我们需要做的就是不断地去学习新知识和新技能，适应时代的发展，为职业生涯的可持续发展做好准备。

设计意图：通过时代变革，学生从社会现实中警醒，产生危机感，引起对终身学习的重视，明确未来学习和工作将越来越无法分割。

3. 平凡故事励志，坚定职业信念

（1）励志故事，指引方向。

三个小故事：

① 宿管阿姨坚持写作，受邀担任杭州电子科技大学写作公开课老师。

② 快递小哥坚持学习，“变身”人大代表。

③ 保安大哥坚持学习，逆袭成为北大学子。

教师借用榜样，为学生指明职业发展方向，引导学生明确，要想不被时代抛弃，就要坚持学习，坚定终身学习的信念。

（2）就业指导，坚定信念。

邀请就业指导老师进班，给同学们做就业指导。对中职生很难进幼儿园的问题给出建议，例如可以选择参加成人高考继续深造，也可以考取相关技能证书，拓宽未来就业面，还可以从事与学前教育相关的咨询服务、产品开发、图书出版等工作。

设计意图：本环节选取的3位人物都是起点较低的普通工人，学生能够从中找到认同感，再通过就业指导老师的讲解，增强学习信心，坚定终身学习的信念。

4. 提升生存层次，把握人生方向

（1）播放视频《赢在中国》片段。

人的生活方式有两种　（俞敏洪）

人的生活方式有两种，
第一种方式是像草一样活着，
你尽管活着，每年还在成长，
但是你毕竟是一棵草，

你吸收雨露阳光，
但是长不大。
人们可以踩过你，
但是人们不会因为你的痛苦，而产生痛苦；
人们不会因为你被踩了，而来怜悯你，
因为人们本身就没有看到你。
所以我们每一个人，
都应该像树一样地成长，
即使我们现在什么都不是，
但是只要你有树的种子，
即使你被踩到泥土中间，
你依然能够吸收泥土的养分，
自己成长起来。
当你长成参天大树以后，
遥远的地方，人们就能看到你；
走近你，你能给人一片绿色。
活着是美丽的风景，
死了依然是栋梁之材，
活着死了都有用。
这就是我们每一个人做人的标准和成长的标准。

学生思考：我应该选择哪种方式活着？

（2）落实行动。

① 学生分成小组，上网搜寻一位成功人士作为目标，分析他的成功经历。

② 制定未来人生目标和终身学习计划。

设计意图：通过聆听俞敏洪的一段励志演讲，让学生明确未来想要的生活。制定自己的未来发展规划和终身学习计划，为提升生存的层次和实现自我发展奠定基础。

5. 总结拓展

（1）教师总结。很多同学认为，出了学校就不需要学习了，其实不是的。任何一个人在学校求学阶段获得的知识，不过是他一生所需的10%，甚至不到10%，其他90%以上的知识必须在离开学校之后的社会学习中不断获取。

一生漫长，只有终身保持学习习惯，不断地进取，比过去的自己更优秀，才能更骄傲地生活。希望大家从现在做起，从小事做起，把学习当作自己的习惯，锻炼自己的学习能力，为未来职业生涯的可持续发展奠定基础。

（2）课外拓展。课后，同学们关注“樊登读书会”微信公众号，参与“与樊登一起读书”的行动。班级设“读书状元榜”，每月进行排名，让每位学生都把读书当成一种习惯。

四、教学反思

通过活动，同学们能够认识到，终身学习和职业生涯可持续发展的重要性。同时意识到在校学习的过程中，不仅要掌握知识，还要学会获取知识的方法，增强自主判断与选择的能力，帮助他们确立终身学习的观念，养成主动学习、持续学习的良好习惯。终身学习不仅是工作的需要，更是生活的需要，同时也是人类进步的需要。

幸福源自奋斗　劳动创造美好

一、总体设计

1. 教育背景

（1）民生在勤，勤则不匮。中华民族是勤于劳动、善于创造的民族。正是因为劳动创造，我们才拥有了辉煌的历史；也正是因为劳动创造，我们才拥有了今天举世瞩目的成就。

（2）劳动没有高低贵贱之分，任何一份职业都很光荣。作为新时代的职业青年，要树立正确的劳动观，尊重每一位劳动者；发扬积极的劳动精神，提升创新的劳动技能，立足本职岗位诚实劳动。无论从事什么劳动，都要干一行、爱一行、钻一行。

2. 班情分析

（1）基本概况。

我班学生为机械工程专业二年级学生，全是男生。他们对班级日常的值日工作多为例行公事，对寝室卫生也是敷衍了事；学生认为本专业学的就是流水线操作技术，不受重视且枯燥乏味；大部分学生缺乏坚持与奋斗的劳动精神，缺乏实干与创新的劳动技能。

（2）具体表现。

① 劳动认知浅薄：认为劳动就是干体力活，做事怕苦怕脏，学习怕难怕累，追求舒适安逸，向往“短、平、快”的工作，缺乏坚持和奋斗精神。

② 劳动技能薄弱：主要体现在简单重复性的工作不屑做，复杂创造性的工作不敢做，导致能做的工作也做不好。

③ 劳动精神缺失：认为职校生就是“搬砖工”，一方面想改变现状，另一方面又消极懒怠；自我评价过低与自我期待过高相互矛盾，造成激情消退和梦想乏力的不作为现象，学习与生活成了年复一年混日子。

3. 教育目标

（1）爱劳动。通过热点分析，正确认知劳动的价值，引导学生形成正确的劳动观，培养积极爱劳动的态度，自觉维护劳动成果，尊重劳动人民。

（2）会劳动。通过案例思考，深入剖析社会问题，激发学生掌握劳动技能的热忱，为成为全面发展的人勤练劳动技能。

（3）善劳动。通过榜样示范，点燃学生创造性劳动的激情，挖掘学生创新性劳动的兴趣，树立成为新时代需要的知识型、技能型、创新型劳动者的信心，用专业技能创造美好生活。

4. 教育方法

案例分析法、榜样示范法、小组讨论法。

5. 设计思路

根据学生存在的共性问题，通过热点分析、案例思考、榜样示范等过程，引导学生树立劳动光荣的正确认知，培养“技能宝贵”的勤奋态度，实践“创造伟大”的积极行动。

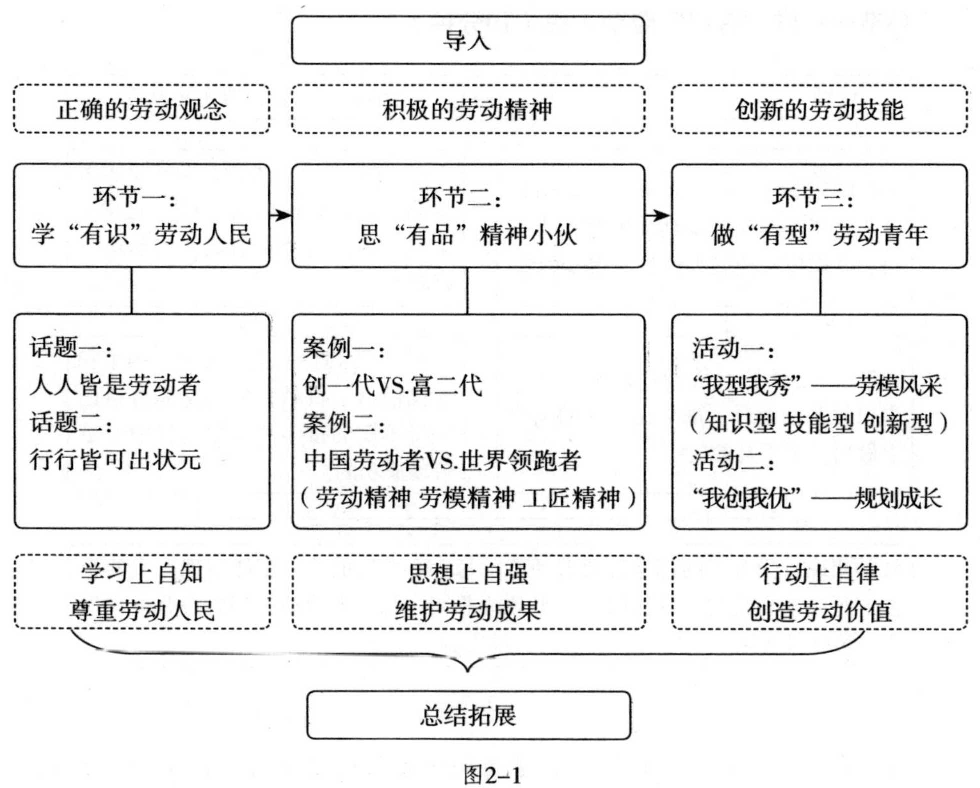

图2–1

二、活动准备

1. 教师

准备视频材料，邀请技能大赛金牌选手。

2. 学生

准备技能展示，准备各色卡纸、双面胶、剪刀等手工材料。

三、实施过程

导入：播放视频《全国劳模和先进工作者表彰大会》节选片段。

设计意图：通过榜样示范，引导学生思考，揭示主题，为下面的环节作铺垫。

环节一：学“有识”劳动人民（10分钟）

话题一：人人皆是劳动者 → 话题二：行行皆可出状元

（1）教师提问：受表彰的全国劳模和先进工作者都是哪些人？他们都来自哪些岗位？他们为什么获得表彰？ → （1）深入探究：为什么国家要表彰他们？为什么他们能获得如此高的荣誉？他们为什么能成功？是运气好吗？

（2）学生回答：他们都是来自基层岗位的普通大众，都是在平凡的岗位上做出了不平凡的成绩。

（2）学生讨论：他们努力为国家和人民做出了贡献。他们是靠着自己坚持不懈的奋斗和日复一日的辛勤劳动成功的。

教师明确：受表彰的都是普通劳动者，每一个普通的岗位都能展现人生的价值，每一个平凡的人都能取得不平凡的业绩，每一个劳动者都值得尊重和肯定，劳动最光荣、最伟大、最崇高、最美丽。

图2–2

设计意图：通过话题讨论，让学生明确劳动的真正价值，每个行业的工作都是劳动，每个劳动者的付出都值得肯定和尊重。

环节二：思“有品”精神小伙

1. 案例一：你愿做哪一个？

（播放视频）

正面案例：

豪门夫妇霍启刚、郭晶晶带着孩子参加劳动，教育孩子自己做饭、洗车、插秧……

建筑工人上地铁不忍心弄脏椅子而坐在地上；

马云、王健林的被称为每天都是劳动节的作息表被展示……

反面案例：上海某名牌大学博士毕业生长年宅家玩游戏，衣食住行的消费靠的是70多岁身患各种老年病的母亲的养老金；

某豪车车主随手向车窗外扔垃圾；

某学校食堂每天倾倒的食物浪费惊人……

教师提问：

（1）案例中的现象说明了什么问题？给我们什么启示？

（2）创一代、啃老族、富二代，你愿做哪一个？

学生讨论明确：

（1）劳动行为处处可行：勿以恶小而为之，勿以善小而不为。劳动要从身边做起，要把小事做好。

（2）劳动风貌时时展现：一行一岗皆需努力，一举一动都是风采，要争做热爱劳动、尊重劳动、积极劳动的新一代职校青年。

2. 案例二：中国劳动者与世界领跑者

从一组珍贵照片看新中国劳动者的奋斗足迹。

教师整理了一些劳动者的生动画面，带学生回望新中国劳动者的奋斗足迹。

磷肥专家钟本及其团队首创的料浆浓缩法制磷氨新工艺，在解决中国人“吃饭问题”上比肩袁隆平的“杂交水稻”；

贵州省毕节市七星关区箐口村，物流公司“服务兵”龙守坤背着冰箱为村民送货；

外媒致敬中国劳动者：瞩目的英雄。

教师引导：

新中国成立以来，各行各业涌现出千千万万个劳动模范、劳动能手，他们在不同的时期，立足本职，拼搏进取，为社会经济发展做出了卓越的贡献，成为时代的坐标。是谁给予中国劳动者这份勇往直前、攻坚克难的勇气和毅力？中国何以成为全球惊叹的“基建狂魔”？

学生讨论，代表发言：

（1）国家对劳动者的充分肯定、鼓励和保障，让劳动成为新时尚；

（2）劳动不仅能创造财富，更能为他人带来幸福，体现自己的价值；

（3）这是一份责任，都是为人民服务。

设计意图：通过正反辨析，深入剖析社会中存在的现象，激发学生从尊重劳动者的情感升华为主动维护劳动成果的行为，树立伟大出自平凡、幸福源自奋斗的人生信念，为下一环节以技能创造劳动、创造美好生活作铺垫。

环节三：做“有型”劳动青年

活动一：“我型我秀”——劳模风采

（1）榜样示范：邀请本市行业劳模代表分享心得。

（2）明确做法：要做“有型”（知识型、技能型、创新型）新时代劳动

青年。

活动二：“我创我优”——规划成长

对照目标榜样，制订中职机电班争做“三有”（有识、有思、有型）新时代劳动青年规划表。

表2-1

姓名				阶段自评
（每21天为一评测阶段）				
我的榜样				
我的优势		完善途径		
我的不足		改进措施		

设计意图：通过榜样示范，树立争做新时代“三有”（有识、有思、有型）劳动青年的目标，制订规划表，对照目标，扬长补短，为成为复合型高素质劳动人才而不断努力奋斗。

环节四：总结与拓展

1. 教师总结

一直以来，数以万计的中国劳动者不畏辛苦、辛勤劳作、默默付出，他们心想“只争朝夕”，他们默念“发展才是硬道理”。

中国劳动者迅速连通全中国的高速公路，迅速铺满全中国的高速铁路，不断扩大机场，不断增加飞行航线……他们让成千上万的现代化大中小城市拔地而起，让自然和文化旅游景点看不完也玩不完，建设数不清的现代化购物城、购物中心和全世界最多的现代化工厂，让多项科研成果领先世界……

这就是现在的中国！中国劳动者用坚忍不拔的劳动精神、奋勇争先的劳动品质、一心为民的劳动态度、创新创优的劳动成果，创造了当代人的美好生活！现在，我们的肩头也要扛起这份沉甸甸的责任，接过他们手中的接力棒，为建设美好河山增光添彩。

2. 课后拓展

“四位”评比：评选最美床位、工位、桌位、餐位。

四、活动总结

通过本次班会课，学生认识到劳动的真正价值，体会到劳动精神、工匠精神、中国精神的魅力，感悟勤奋做事、勤勉为人、勤劳致富的劳动态度，用自己的专业技能、劳动成果创造自己的幸福人生，为建设美好的中国特色社会主义事业添砖加瓦。

让梦想开花

一、总体构想

1. 教育背景

《中等职业学校德育大纲（2014年修订）》德育内容指出：要对学生进行职业生涯教育，包括职业精神、就业准备、终身学习和职业生涯可持续发展等，引导中职学生树立职业理想和正确的职业观。

2. 班情分析

本班为中职一年级西餐烹饪专业。经过了解，班级有少部分同学因自己喜好选择了这一专业，大部分学生是家长看好专业前景而替孩子选择的。很多学生入学后，发现中职生活和自己当初设想的不一样：中职一年级文化课占一定比例，很多同学因文化基础差，认为自己是来学技术的，文化课并不重要，而不愿意沉下心去学习；对专业课的学习虽有兴趣，但缺乏长远规划和具体想法，一旦热情减退，对未来便感到迷茫和未知。课余时间沉迷于手游，没有明确的奋斗目标。

3. 教育目标

（1）认识到梦想和职业生涯规划的重要性；

（2）通过故事分享、榜样学习，明确实现梦想就必须付诸努力；

（3）通过班会活动，展示基本功，为自己设定目标，并落实到实际学

习中。

4. 教育方法

榜样示范法、情感体验法、案例分析法。

5. 设计思路

以“我的梦想”为主线，通过故事分享和专业展示等活动来确立“我的梦想”，从“寻找梦想的种子——浇灌梦想的枢枝——成就梦想的大树”三方面入手，结合西餐烹饪班的专业特色，开展主题教育活动。

二、活动准备

1. 教师

（1）准备马云的演讲视频。

（2）准备我校“江苏省最美中职生标兵”的新闻报道和获奖图片。

（3）准备背景音乐《我的未来不是梦》。

2. 学生

（1）在教室侧面墙壁上画好一棵大树。

（2）班委共同设计“未来名片”，每人一张。

（3）利用专业课，每人准备一个纸杯蛋糕和打发好的奶油、裱花等工具。

三、实施过程

环节一：寻找梦想的种子（8分钟）

活动一：观看视频谈感想

播放TED演讲视频《如何定义自己》。

教师启发：很多人通过外貌、工作、财富或他人对自己的看法来定义自己。想要去讨好别人，是因为受人欢迎的感觉真的太棒了，仿佛代表着某种成功。可你是否花时间或精力去认识和靠近更真实的自己呢？我们如何关注自己并了解自我价值呢？

活动二：独立思考增自信

学生观看，思考，讨论，各抒己见。

师生小结：很多时候，我们总是从别人嘴里来判断自己“行”或“不行”，从小到大不论是家长还是老师，都会拿我们去和别人比较。在一次次的比较中，我们不断地怀疑或否定自己。渐渐地，我们忘了是为自己而活，我们应该规划自己的人生道路。

设计意图：大部分中职学生在此之前都因为学习成绩不理想而被他人否定，包括自己的父母，因此很多同学早已失去了努力的目标和动力，每天得过且过。通过视频讲解，让学生重拾自信，激发其奋斗热情。

环节二：浇灌梦想的枢枝（17分钟）

活动一：谈“曼巴精神”

教师：2020年春节，科比突然离开了我们。他在NBA赛场上纵横驰骋了二十余载，留下了无数令人无法企及的纪录。支撑着他二十多年始终如一日的，是如今的NBA依然被津津乐道的“曼巴精神”。有同学知道什么是“曼巴精神”吗？

学生发言，明确：“曼巴精神”就是从不退却，从不放弃，从不逃遁，忍辱负重，在困难中创造奇迹。

教师：是的，“永不言弃”是科比自己对这种精神的定义。同样，在我们的学业生涯中，我们也应该做到“热情、执着、严厉、回击和无惧”。天上不会掉馅饼，同学们想要实现自我价值，成就梦想，需要哪些条件？

学生讨论，发言并小结：爱好、价值、激情、信念、毅力、行动、受挫力……

活动二：身边的“梦想家”

（展示资料图片）介绍我校“江苏省最美中职生标兵”杨雨巧的励志故事。

人物简介：

杨雨巧出生在一个农村家庭，三岁时被确诊为脑瘫，肢体二级残疾。中考后，凭着自己的坚强意志，被选拔为省残运会参赛运动员。在2018年全省第十届残疾人运动会上，她一举成为女子F35级铅球、铁饼项目的双料冠军；2018年9月，她参加了市首届全民健身运动会，获得硬地滚球锦标赛女子二组第六名，并获得“道德风尚奖”；2019年10月参加连云港市第二届残疾人田径运动会，获得标枪女子F35级决赛、铅球女子F35级决赛和铁饼女子F35级决赛三个项目的第一名。

身体的残疾挡不住她对美好理想的追逐；家庭的困难浇不灭她对未来热切的期盼；艰难的训练磨不掉她对幸福生活的追求。正如她自己所说：“身体的残疾算不得什么，我相信‘天道酬勤’，只要我确定目标，把握机会，足够努力，我的生活一定会发光出彩。”

教师引导：在杨雨巧中考之前，她可能从没想过自己会与体育结缘，更不敢想象自己会一次次站在领奖台上实现自己的梦想。当然，这个世上不存在可供参考的人生。但如果你不主动去改变，那么你的每一天都是一成不变的。请同学们思考并说说我们现在应该如何行动，才能让自己实现弯道超车，离梦想更近？

学生思考，各抒己见，明确：找到适合自己的方向，树立远大目标，坚持不懈地向着目标前进。

活动三：班主任的梦想

班主任讲述自己的梦想故事：

小学——喜欢舞蹈。积极参加校内外舞蹈比赛，利用假期参加排练，因为获奖而高兴满足。

初中——初一时，有机会代表学校参加舞蹈比赛并获奖，证明了自己。后来，把考上本地区最好的高中作为目标，专心学习文化知识。

高中——经过努力，考上本地区最好的高中，更加拼命努力，想要考上好大学。高中三年的每一天都在学习，暂时放弃了自己的兴趣爱好，顺利考上师范大学。

大学——进入大学，为成为一名人民教师而努力学习，学习成绩名列前茅；思想上要求进步，大学时成为一名中共党员；一入校便报名参加学校演讲、朗诵、器乐、舞蹈等比赛……提升自己的综合素质，为步入社会做多方面的准备。

现在——工作后，依旧没有放弃努力，提醒自己要时刻保持清醒的头脑，与时俱进，不断进取，希望日后可以成为一名“专业过硬，师德高尚，受学生喜爱”的优秀的人民教师。

教师引导：大家从小到大都有梦想，请同学们分享一个你曾经为实现梦想付出行动的成功事例，并谈谈回忆起这一经历的感想。

学生分享故事。

师生互相点评，鼓励。

设计意图：这一环节分享了3个案例，从马云、王健林这样的大企业家，到校园里身残志坚的同学，再到班主任自己的学习和工作经历。榜样的力量是无穷的，他们的故事告诉同学们人生要有目标，更要有行动，因为机会是留给有准备的人的。

环节三：成就梦想的大树（20分钟）

活动一：我的梦想之花

教师：职业生涯的发展需要我们具备一定的从业能力。大家在最近的专业学习中有了一定的收获，老师选择奶油裱花这个项目以检验大家的学习成果。奶油裱花是我们专业学习的一部分，能够体现大家的基本功。下面，请同学们来展示各自的学习成果。

学生分组操作，拿出课前准备好的纸杯蛋糕和打发好的奶油，在规定时间内给蛋糕裱花，老师统一标上序号并拍照上传至班级群，邀请任课教师在线上点评并打分，评选出前10名者，给予表彰奖励。

现场展示优秀作品。

教师小结：马云说过，梦想是永远跟眼泪和汗水在一起的，如果离开了眼泪和汗水，梦想就成了空想。同学们在学习专业技能的时候，如果曾为练习专业技能流过泪、流过汗，那么恭喜你，你离梦想更近了。

活动二：我的未来名片

学生设计并填写“未来名片”。示例：

姓名：	
年龄：	头衔：
工作城市：	工作单位：
为了达成梦想，我会：	

图2–3

活动三：让梦想开花

播放背景音乐《我的未来不是梦》，每位同学将自己手写的“未来名片”贴在教室侧面墙壁的已画好的大树上，让大树开“花”。

活动四：班主任总结

本次班会课，我们从大人物、小人物身上看到了梦想的重要性。现在处于中职一年级的各位，正是确立三年规划的时候，希望通过这次班会课可以激发出大家无穷的斗志，用实际行动实现自己的目标。三五年后，让我们的梦想之花越开越多，越开越鲜艳。

设计意图：奶油裱花既是基本功展示，也寓意只有自己才能创造自己的“梦想之花”；“梦想树”是鞭策也是提醒，希望日后的每一天，同学们都可以看到教室墙壁上自己设定的目标，在上课时反复提醒自己要努力、要行动。

四、课后拓展

利用一周时间设计自己的“职业生涯规划”作品，选择优秀作品参加“文明风采大赛”。

五、预期效果

希望通过这节班会课，可以让同学们明白“人要有目标”，不能再整天漫无目的地生活。中职三年生活很重要，应该过得丰富多彩。希望同学们能通过“梦想树”和职业生涯规划表，激励自己真正行动起来，通过实现一个个小目标成就更出色的自己，无悔于三年的职校生活，更无悔于自己的青春。

梦想展翅　规划先行

一、总体构想

1. 教育背景

（1）根据《中等职业学校德育大纲》要求，职业生涯教育是中等职业学校德育内容之一。开展职业生涯规划教育可以培养学生管理学业、规划职业发展的能力，为适应社会、就业创业和可持续发展做好准备，有利于人人皆可成才、人人尽展其才。

（2）我校重视学生职业生涯教育工作，开设了职业生涯规划课程，通过校企合作提升职业体验，开展职业生涯规划咨询，通过针对性的职业咨询辅导，满足学生的个性化需求。

2. 班情分析

本次教育对象是中职二年级播音与主持专业的学生，他们正在学习职业生涯规划课程，但理论知识无法激发学生的学习兴趣，所学知识与实际应用脱节。经过课前问卷调查，发现主要问题如下：

（1）35.48%的同学没有职业生涯规划，缺乏奋斗目标。

（2）64.52%的同学总是考虑“我想怎样”，却极少考虑“我能怎样”。

（3）12.9%的同学实施规划持续性差。

本班学生的学习优势有：愿意对职业生涯进行规划、语言表达能力强、才艺多。

3. 教育目标

（1）树立职业生涯规划意识，培养正确的择业、就业观念。

（2）客观认识自我，积极进行自我探索。

（3）掌握职业生涯规划方法，进行规划探索，提升终身发展能力。

4. 教育方法

案例教学法、合作学习法、任务驱动法、讨论法。

5. 设计思路

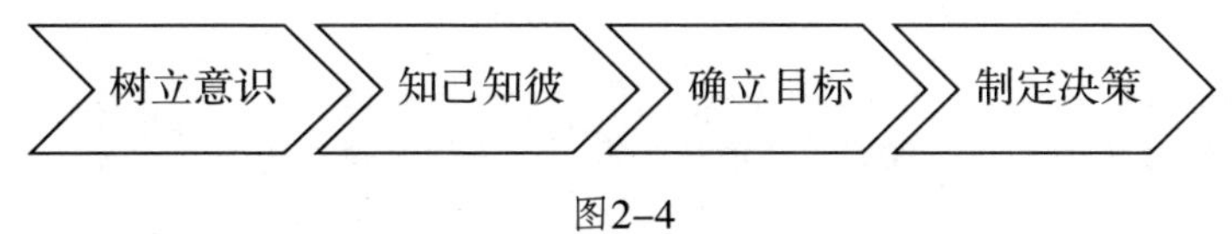

图2-4

二、活动准备

1. 教师

（1）准备名人职业生涯规划素材，准备歌曲《我相信》伴奏音频。

（2）联系优秀毕业生孙运田。

（3）确定讨论的话题。

2. 学生

（1）课前查阅有关职业生涯规划的资料。

（2）公示心仪岗位，成立小组，收集相关招聘简章。

（3）完成霍兰德职业兴趣测量表。

（4）准备彩色卡纸。

（5）排练歌舞节目。

三、实施过程

导入：学生表演歌舞《真心英雄》。

设计意图：为学生提供展示平台，歌声与舞蹈共同演绎“不经历风雨，怎么见彩虹”，通过“没有人能随随便便成功”歌词，导入主题。

环节一：树立规划意识（10分钟）

1. 发现问题——PPT展示问卷调查数据

学生观察自己所在区域。

教师小结：很多同学都存在职业生涯规划方面的问题，然而机会总是留给有准备的人的，没有规划，我们很容易虚度光阴，一事无成。

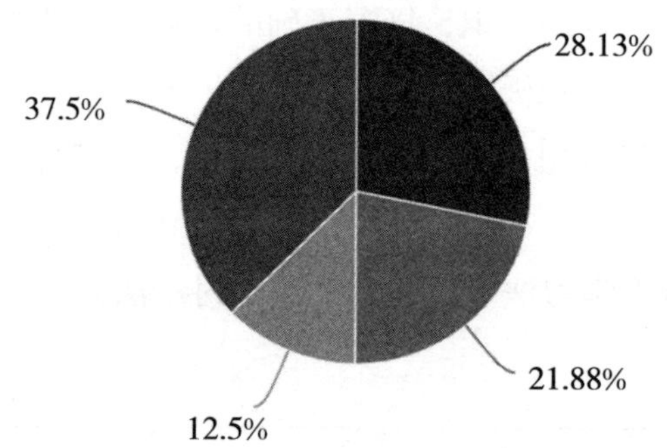

图2–5

2. 名人故事——阿诺德·施瓦辛格的职业规划

大致内容：

四十多年前，一个十多岁的穷小子，身体非常瘦弱，却在日记里立志长大后做美国总统。他开始刻苦而持之以恒地练习健美，借着发达的肌肉，囊括了各种世界级的“健美先生”称号。接着在好莱坞，他的电影事业如日中天，赫赫有名的肯尼迪总统的侄女接受了他。57岁的他息影从政，成功竞选为美国加州州长，声称他的下一个目标就是美国总统。

教师提问：从施瓦辛格的规划故事中，大家得到什么启发？

引导学生发现：职业规划制定得越早、步骤越详细，越能早日实现自己的梦想。不管这个目标多么艰难、现实和理想之间差距多远，只要有恒心、有切实可行的细致计划，并一步一个脚印踏踏实实地去完成，就一定能实现自己的远大理想！

教师小结：科学规划，行动有力，就能成功。

3. 阐述内涵

教师提问：什么是职业生涯规划呢？职业生涯规划的目的是什么？

学生根据课前收集和整理的资料进行小组讨论，小组代表发言，师生共同总结。

定义：对职业生涯乃至人生进行持续的、系统的、计划过程。

目的：找到适合的工作，实现梦想、收获价值。

设计意图：通过分析问卷调查结果，帮助大家发现自己职业生涯规划中的问题；通过榜样事迹，引领精神向往，感知职业生涯规划的重要性，树立职业生涯规划意识；通过小组合作交流，明确职业生涯规划的内涵。

环节二：知己知彼解惑（15分钟）

1. 知己

教师：了解自己才能找到适合自己的工作，因此我们要对自己的优势和劣势有清醒和客观的认知。在职业生涯规划中，能够正确自我评价是合理规划的重要前提。

学生将课前完成的霍兰德职业兴趣测量结果在小组内展示、互评、探讨，积极探索自我，客观了解自身的优势、劣势。

学生代表发言，阐述自己的分析结果。

2. 知彼

分析目标岗位，PPT展示：中等职业学校播音与主持专业人才培养方案。

就业面：本专业毕业生可选择广播电视媒体、影视制作机构、艺术院团、机关及其他企事业单位，从事主持、播音、配音与解说、出镜记者及其他语言艺术类相关的岗位工作。

教师提问：根据课前大家了解的信息，目标岗位的哪些特点是你喜欢的？哪些特点是你不喜欢的？

学生思考回答：可以面对镜头、可以接触体育赛事、可以经常外出……但晋升空间小、缺乏竞争、不能正常作息、工资待遇低……

教师：大家心仪的工作对应聘者提出了哪些要求？

学生小组讨论、归纳：在整体形象、气质性格、知识面等方面都有要求。

教师小结：如果一份工作能够提供更好的条件，那么相应地也会提出更高的要求，因此我们不仅要有梦想，也要有与梦想契合的能力。

3. 解惑

教师：不少同学选择目标职业的时候存在理想化或者不自信等问题，不利于我们合理规划自己的职业生涯，接下来我们将连线孙运田学长，听一听他的职业感悟。

（1）在线联系我校播音专业优秀毕业生，普通话等级一级甲等的“学霸”——孙运田（曾任南京地方电视台主持人，现任大学老师，业余创办主持人培训教育机构），分享入职心得及工作感受（详见附件：播音与主持专业学生职业生涯规划调查）。

（2）学生代表针对择业问题提问，孙运田答疑。

设计意图：通过客观认识自我，积极进行自我分析；通过《人才培养方案》、招聘公告、学长经验等资料了解职业目标，多角度、多层次探索目标岗位，对职业形成确切的认知。

环节三：确立与调整规划目标（10分钟）

1. 准定位

教师：请大家将岗位要求与自身特点结合起来，说一说自己哪些方面需要改进？

学生自主分析，代表发言。

教师：有些岗位对身高、形象有要求，如果有人的身高不符、体重不易控制……这些不能回避的问题，不足的地方能不能经过规划调整呢？

学生根据自身情况选择是否调整目标岗位。

小结：择业不是一厢情愿，不能盲目选择，只有适合自己的才是最好的。

2. 立目标

教师：请大家完成表格。

表2-2

岗位要求	自我分析	对应目标
形象气质佳		
普通话水平一级乙等		
了解时事政治		
沉着应变		

学生：根据自身情况客观填写。

3. 可调整

讲述名人杨澜的经历——《杨澜：人生需要规划》

大致内容：

杨澜曾是北京外国语大学的一名大学生，经历了几次大的转型。

第一次转型：央视节目主持人；

第二次转型：美国留学生；

第三次转型：凤凰卫视主持人；

第四次转型：阳光卫视的当家人；

第五次转型：重回电视圈。

教师启发学生思考：杨澜经历了那么多次转型，是人生没有规划造成的吗？你怎么看待杨澜的转型？

学生观看，思考，发表看法。

学生明确：杨澜的每一次转型，都是能力提升之后树立的新的奋斗目标，这恰恰说明她有明确的人生规划，有清晰的目标，并且能够不断转型调整自己，提升自己的综合实力，最终成为家喻户晓的成功女性，体现了职业生涯规划的能力。

设计意图：通过提出问题引发思考，帮助学生树立正确的择业、就业观念；表格形式的对比分析，帮助学生进一步细化自己的职业目标，提高职业生涯规划的可实施性；讲述名人事例，告诉学生目标不是一成不变的，是可以根据自身情况适时调整的。

环节四：制定行动决策（10分钟）

1. 行动决策

（1）根据表格内容，进一步完善，写出实现目标的策略及计划表。内容

包括（根据上一环节内容完善）：

表2-3

确立目标	具体策略	短期目标（毕业）	中期目标（毕业后五年）	长期目标（终身）
体态端正				
普通话水平一级乙等以上				
拓宽政治知识面				
应变智慧				

（2）小组讨论可行性，互相完善职业生涯规划，也可以向老师求助；

（3）将完善后的规划写在彩色卡纸上，完成“职业生涯规划卡”。

2. 规划上墙

将“职业生涯规划卡”张贴在班级文化墙上，丰富班级文化。

3. 教师总结

职业生涯规划是对职业生涯乃至人生进行持续的、系统的计划过程，它不只是一张贴在墙上的卡片，还有不断努力、挑战自己、战胜困难的决心和毅力。梦想就在前方，让我们规划职业、规划人生。当机会来临的时候，我们可以自信地告诉它：我，已经准备好了！

4. 全班合唱

全班齐唱《我相信》，在激昂的歌声中结束班会。

设计意图：通过制定计划，结合专业特点，具化职业生涯规划的内容，师生合作提高规划的可实施性；规划卡上墙，形成契约，利于长期激励学生，最终提升个人综合素质。

四、课后拓展

阅读相关书籍，了解专业从业知识。

浏览各类人才市场和招聘网站，了解行业发展状况。

参加社会实践，增加接触行业的机会。

定期开展规划执行汇报，互相监督、彼此激励。

五、课后总结

通过本次班会，学生树立了职业生涯规划意识，能够客观认识自我，积极进行自我探索；培养了正确的择业、就业观念，掌握了职业生涯规划方法；通过实践进行规划探索，提升个人综合素质，树立终身发展意识，从规划职业发展至规划人生，最终实现梦想。

附件：

播音与主持专业学生职业生涯规划调查

规划职业生涯　预约精彩人生

一、总体构想

1. 教育背景

（1）《中等职业学校德育大纲》指出，开展职业生涯教育是中职学校德育工作的内容和途径之一。

（2）具有清晰的职业生涯规划的从业者上进、务实，深受用人单位欢迎。

（3）职业生涯规划已经成为中等职业学校德育课程的必修课；每年学校都会选送优秀的职业生涯规划方案参加教育部的“文明风采大赛”。

2. 班情分析

（1）本班学生为中职二年级化学工艺专业学生，将来要从事和化工生产相关的工作，需要高度的安全意识和精细化操作的能力。

（2）学生对职业生涯缺乏规划，突出表现在没有明确的奋斗目标或职业目标不坚定。

（3）在天津爆炸事件和我市一家化工厂爆炸事件后，部分学生的职业目标有所动摇，对化工行业缺乏安全感。

3. 教育目标

（1）明确职业生涯规划的含义，理解职业生涯规划对人生和职业发展的重要性。

（2）能够客观全面地分析自己，坚定自己的职业理想，学会规划职业生涯并践行规划。

（3）热爱专业，树立正确的职业发展观。

4. 教育方法

明理激情、榜样激励、环境熏陶、合作探究。

5. 设计思路

以“职业生涯规划”为主线，通过“了解规划——认识自我——坚定目标——学会规划”四个主要板块，结合专业特点，开展教育活动。

二、活动准备

1. 教师准备

（1）收集并整理班会课所需素材，如职业生涯规划的优秀作品、天津爆炸事件新闻资料。

（2）制作班会课件。

（3）邀请专业课教师参加班会。

2. 学生准备

（1）出一期关于职业生涯规划的黑板报。

（2）准备A4纸、卡纸和彩笔。

（3）收集职业生涯规划小故事，课前阅读。

（4）学唱周杰伦的歌曲《蜗牛》。

三、实施过程

环节一：“预则立，不预则废”——了解职业生涯规划

活动一：讲故事

目标的威力——来自哈佛大学的调查报告

内容简介：

哈佛大学对毕业生进行了一次关于人生目标的调查，时间追踪25年。结果是27%无目标——社会底层，60%目标模糊——社会中下层，10%有短期目标——社会中上层，3%有长远目标——社会精英。

启发学生思考：造成哈佛大学毕业生之间差距的原因是什么？

学生讨论后明确：人生差距在于是否有明确的目标和详细的规划。

活动二：问题探讨

什么是职业生涯规划？其作用有哪些？

学生将课前收集的资料进行交流，明确职业规划的内涵和意义。

内涵：对主客观因素进行分析，确定奋斗目标，明确实现目标的具体步骤和安排。

意义：减少徘徊犹豫的心理，避免浪费时光，积极努力实践，为职业发展做好充分准备。

设计意图：通过故事激发兴趣引出主题，通过提问、讨论、交流，理解职业生涯规划的含义及对人生发展的作用。

环节二："天生我材必有用"——客观认识自我

活动一：你说我说大家说

"我是怎样一个人？"

4~6人一组，互相评述。内容包括：

自述：我的经历、我的性格、我的特长、我的梦想……

他述：你的气质、你的优点、你的缺点、你的人际关系……

活动二：综合表述

自我表述，200字以内，写在彩色卡纸左面。

学生对照化工行业岗位群设置，将适合自己的发展方向写在"自我表述"下方。

设计意图：全方位分析自我，认识自我，为确定适合自己的发展方向奠定基础。

环节三："咬定青山不放松"——坚定职业理想

活动一：畅谈理想

教师提问：你的职业理想是什么？

学生自由发言。

教师注意学生的参与度，尽量让不同性别、不同性格的学生都说一说。

活动二：实话实说

播放新闻：天津爆炸事件（与存放化学品有关）、市一家化工厂爆炸事件的相关报道。

教师提问：化工行业是一个高危行业，你能坚定自己的职业目标吗？

学生发表看法。

教师鼓励学生说真话、说实话，说出心中的疑虑。

活动三：专家解答

邀请系部主任和专业教师解答学生疑问：

（1）天津爆炸事件的原因是由规模数量的危险化学品混存导致。一般化工厂的爆炸多是操作不当或检修失误造成的。恶性事故发生概率较低，不是常态，但须警钟长鸣。这对我们的专业学习提出了更高的要求——要扎实学习专业知识，规范每次操作，细心维护设备……

（2）解答化工行业的发展前景、就业机会及工资待遇等问题。

学生提问，教师解答。

设计意图：通过理想与现实的对照让学生清醒地认识化工行业的真实情况，请专业教师解答，扫去学生心头的疑虑和阴霾，坚定自己的职业目标，扎实学习专业知识和技能。

环节四："尽吾志与力而至矣"——规划职业生涯

教师提问：我们要通过什么途径才能实现职业理想？

学生明确：要做好职业生涯规划。

活动一：作品展示

展示本系学生参加教育部组织的"文明风采大赛"职业生涯规划类获奖作品。

活动二：模仿学习

学生研究作品，学习并模仿创作，掌握基本方法，学会制定自己的职业生涯规划。（课后可继续完成）

活动三：教师指导

引用王安石《游褒禅山记》语句，阐述"志、力、物"三者之间相辅相成的关系，"尽吾志与力与物，终不悔矣"。规划好自己的职业生涯，向着目标前进，不仅需要个人的努力和毅力，还需要外力的助推。我们要确定目标，竭尽全力地努力，无悔人生。

设计意图：榜样示范，在模仿中自我学习，明确达成志向需要竭尽所能并借助外力的帮助。

环节五："而今迈步从头越"——总结拓展规划

活动一：教师总结

教师寄语：梦可海阔天空地做，路要脚踏实地地走，不要甘于平庸，也不要姑妄言之。雄关漫道真如铁，而今迈步从头越！从今天起，我们就要踏踏实实走好职业生涯规划的第一步，成就未来精彩人生！

活动二：大合唱

全班齐唱《蜗牛》，班会课在歌词"我要一步一步往上爬，小小的身体，有大大的梦想"中结束。

四、课后拓展

（1）将彩色卡纸张贴到教室后面，丰富班级环境文化，营造温馨氛围。

（2）评选班级职业生涯规划优秀作品，进行表彰，推荐参赛。

（3）定期要求每位学生对照职业生涯规划，检查执行情况，并修正前进方向。

五、课后总结

通过本次班会，学生能理解职业生涯规划的含义和重要性，重点是坚定自己的职业理想，从认识自身、认识职业、确定目标开始，客观翔实地规划职业生涯，从而脚踏实地地实现自己的理想。

规划精彩人生　放飞青春梦想

一、总体构想

1. 教育背景

（1）2019年2月，国务院发布了《国家职业教育改革实施方案》（“职教20条”），把奋力办好新时代职业教育的决策部署细化为若干具体行动，推动形成人人皆可成才、人人尽展其才的良好环境。近年来，我国中职生就业竞争激烈，做好中职生职业规划显得尤为必要。教师应强化指导，帮助学生树立正确的择业观，提前做好学生的职业生涯规划教育。

（2）我校中专班每周2节德育课，其中涉及职业生涯规划相关内容。针对毕业班，学校会组织开展职业生涯规划教育专题讲座，课堂教学活动和专题讲座对学生的职业定位、个人发展起到了一定的指导作用。

2. 班情分析

目前班级已有学生拿到了初级会计职业资格证，还有部分学生准备参加对口单招高考，但仍有一部分学生对自己今后的从业方向没有打算。在调查中发现，有45.7%的学生没有具体的学习和生活目标，剩余学生对职业生涯规划的了解也并不深刻。班主任需要帮助学生增强自我认知，制定合理的职业发展目标。

3. 教育目标

（1）通过活动，引导学生明确职业生涯规划的内涵，认识职业生涯规划的意义。

（2）通过活动，指导学生确定发展目标，并向着目标前进。

4. 教育方法

案例分析法、故事引导法、小组讨论法、情感体验法。

5. 设计思路

以“职业生涯规划”为主线，通过观看新闻、参与游戏、话题讨论等内容领悟职业生涯规划的重要性，按照“自我认知、目标认知、职业认知、职业定位”四个板块展开，结合会计专业的特色和优势，开展主题教育活动。

二、活动准备

1. 教师

（1）关注全国各地企业用工情况，准备相关视频。

（2）下载音乐《我相信》《最初的梦想》。

（3）提前将学生分组。

2. 学生

（1）做好分组，按小组就座。

（2）准备彩色卡纸和发言材料。

三、实施过程

导入：播放不同时期的纪录片，如改革开放、2008奥运等片段，引出“中国梦”。

“中国梦”是国家梦、民族梦与人民梦的有机统一，既是国家、民族的强盛梦，又是人民的幸福梦；既是中国人民的集体梦，又是每个中国人的个人梦。那么，你的梦想是什么呢？

设计意图：熟悉的旋律、恢宏的纪录片，激起学生共鸣，重视个人梦想。

环节一：目标认知（10分钟）

活动一：视频引讨论

播放视频《STN招聘会众生相》，学生观看，谈感想。

教师：视频中有许多应聘者，大家能不能说出他们的特点，总结他们应聘失败的原因？

学生自由讨论。

明确主要原因有：对自己认识不清，太谦虚或太自大；对职业认识不清，不清楚应聘单位需要什么样的岗位人才；对未来规划模糊，有些设想不切合实际……

教师启发：如果你是应聘者，应该如何认清自己，怎么看待即将从事的职业，以及对未来的发展有什么样的设想呢？

学生明确：客观评价自己，根据岗位要求来发展自己的职业能力，在职业生涯规划方面，要有切合实际的阶段性计划。

活动二：游戏引思考

教师组织，让每个小组派出代表，做“向前走”的游戏：在教室的走道上进行，要求学生蒙上双眼，从教室后方往前走直线，不设置障碍，最先到达讲台者为胜；之后改变游戏规则，可以不蒙眼，但设置障碍，最快到达者获胜。游戏期间播放音乐《最初的梦想》。

教师提问：同一个游戏，两种不同的方式，请问有什么体会？有什么不同？

参与学生踊跃发言，说出看法：眼睛蒙上时，即使没有障碍也会走得很慢，没有方向感，容易走歪或撞到课桌；第二轮游戏中，有了方向感，即使有障碍也能走得很快。

师生共识：具有明确的方向和奋斗目标，是快速走向成功的重要条件，也是职业生涯规划的第一步。

小组交流，在彩纸上写下自己的奋斗目标——学习目标、职业目标。

设计意图：通过视频吸引学生的注意力，引导学生思考如何开启职业人生；通过游戏激发兴趣，让学生明白目标的重要性。

环节二：自我认知（15分钟）

活动一：认清就业形势

现场提问学生：你对目前的就业情况了解吗？就业压力大吗？

学生自由发言谈看法，教师补充关于就业形势的新闻报道。

活动二：分析自身情况

现场互动：

（1）你对自己了解吗？能不能简单地描述下自己？再简单评价一下你的小组成员。

学生小组交流。

（2）你认为自己现在能不能胜任所学专业的工作岗位？企业最想要的是什么样的人才？

学生反思。

（3）如果有同学认为自己完全可以胜任一般性质的会计工作，那么有没有想过将来还可以有哪些更高层次的发展？

学生明确：无论目前自己是否具备从业能力，用人单位青睐的一定是具备扎实的专业基本功、良好的职业道德和不断向上进取的人才。

活动三：职业生涯规划的重要性

教师：刚才大家已经写下了自己的奋斗目标，我们应该如何为了目标而努力？只是喊几句口号、给自己加油就行了吗？

学生思考，讨论，发言。

达成共识：认清自己，确定奋斗目标，制定职业生涯规划，有计划有步骤地实现目标。

设计意图：通过对就业形势的了解，明确自己想要成为什么样的职场人；通过讨论和交流，清楚自己目前的能力，并理解制定职业生涯规划的重要性。

环节三：职业认知——我该做什么？（10分钟）

活动一：小故事大道理

案例一：

豹子追羚羊

一望无际的大草原上，豹子看到一群羚羊，开始拼命追过去。羚羊四散逃脱，豹子唯独对一只未成年的羚羊紧追不舍，最终扑倒了羚羊。

案例二：

白龙马和驴子

白龙马取经回来，名震天下，而驴子却只能围着磨盘打转。都是在行走，结果却大相径庭。

教师提问：豹子为什么不去追其他羚羊呢？白龙马和驴子的不同点在哪里？

学生明确：豹子确定一个可以实现的目标穷追不舍，最终实现目标；白龙马和驴子的不同点在于是否知道自己的方向和目标。

设计意图：通过故事引发思考，理解要结合自身实际，在前进中不断调整规划。

环节四：制定规划（10分钟）

活动一：设计卡片

学生小组合作，设计本组的“职业生涯规划卡”，填写内容，小组成员互相监督实施。卡片可以贴在班级“我的梦想专栏”墙上，也可以贴在课桌一角，以此激励自己，坚持努力。

活动二：学习展示

教师展示职业生涯规划获奖作品，指导学生如何撰写职业生涯规划书，鼓励学生撰写，参加“文明风采大赛”。

活动三：教师总结

面对就业竞争的压力，在校期间我们要抓住机会，对自己的职业生涯规划重新梳理，明确自己的奋斗目标，只有心中有方向，前进才能有动力。“山重水复疑无路，柳暗花明又一村。”希望大家能够充分认识自己，发挥个人特长，制定合理的目标，顺利到达理想的彼岸。

活动四：全班合唱

全体起立合唱《我相信》，动感的旋律激发学生的热情。

设计意图：通过制作卡片，明确奋斗目标，将目标落实到日常学习中；通过小组合作，互相监督，携手共进。

四、课后拓展

（1）每个学生撰写一篇班会感想。

（2）每个学生制定一份职业生涯规划书。

（3）定期汇报实施情况。

五、课后总结

通过本次班会，学生认识到职业生涯规划的重要性，明确今后努力的方向，对他们走向社会，选择岗位起到良好的辅助作用。

“梦想展翅，规划先行”主题班会课堂实录

【班会背景】

我校重视学生职业生涯教育工作，开设了职业生涯规划课程。但是，学生的学习兴趣并不浓厚。对班级学生进行的问卷调查显示，主要问题有：35.48%的学生没有职业生涯规划意识，缺乏奋斗目标；64.52%的学生总是考虑“我想怎样”，却极少考虑“我能怎样”；12.9%的学生规划实施持续性差。为了促使学生树立职业生涯规划意识，明确定位，并利用在校时间努力充实自己，向着梦想努力，本班决定开展“梦想展翅，规划先行”的职业生涯规划主题班会。

【班级简介】

本班学生为中职播音与主持专业二年级学生，共35人，女生20人，男生15人。经过一年的学习，已具备一定的专业技能，形象好、语言表达能力强，多才多艺；但多数同学的学习兴趣并不浓厚，相较于第一学年，没有了刚入学时的新鲜劲儿，出现了上课不认真听讲、开小差、聊天、玩手机等行为，同时大部分学生缺乏职业生涯规划意识。

【班会目的】

（1）树立职业生涯规划意识和正确的择业观、就业观。

（2）客观认识自我，积极进行自我探索。

（3）掌握职业生涯规划的方法，进行规划探索，提高职场竞争力。

【教育方法】

案例教学法、合作学习法、任务驱动法、讨论法。

【设计思路】

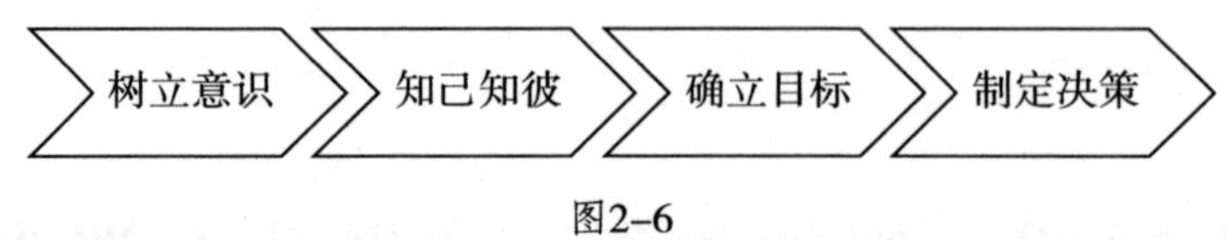

图2–6

【班会准备】

1. 教师

（1）准备班会所用素材。

（2）邀请播音主持专业教师参会。

（3）联系优秀毕业生。

（4）确定讨论的问题与观点。

2. 学生

（1）课前查阅有关职业生涯规划的资料。

（2）公示心仪岗位，同岗位学生成立小组，收集相关招聘简章。

（3）完成霍兰德职业兴趣测量表。

（4）准备彩色卡纸。

【班会流程】

导入：学生表演歌舞《真心英雄》。歌声与舞蹈共同演绎“在我心中，曾经有一个梦……不经历风雨，怎么见彩虹”。

教师：表演真精彩，我们播音主持专业的同学多才多艺！这是一首经典老歌，相信同学们一定不陌生，哪位同学可以说一下这首歌表达的内涵？

学生1：这首歌想表达没有人能随随便便取得成功，要想实现自己的梦想，需要不断努力奋斗。

教师：说得很好。还有同学发言吗？

学生2：永不放弃，不被困难打倒，坚持自己的梦想，为自己的梦想而努力。把握生命，珍惜时间，去实现自己的人生价值。

教师：很好。让我们为发言的同学鼓掌！今天，我们就来谈谈未来，谈谈梦想……

环节一：树立规划意识（10分钟）

教师：转眼间，同学们成为播音主持专业的学生已经一年多了，大家对职业学校的学习和生活有什么感想？有没有明确的奋斗目标？对奋斗目标有规划吗？

教师耐心等待学生思考，随机点3名学生发言。

学生1：虽然学习了播音主持专业，但是我不知道毕业以后干什么，每天没有目标，感觉很空虚。

学生2：我毕业后想做一名少儿节目主持人，但是没有规划，不知道怎样做才能实现自己的梦想，很迷茫。

学生3：我想学好专业课，毕业后自主创业开婚庆公司。现在我利用节假日兼职当司仪，已经积累了一定的经验，我感觉离成功越来越近了。

教师：从以上3位同学的回答中，我们可以看出，有的同学不知道自己想做什么工作；有的同学虽然有了目标，但没有规划，不知如何实现梦想；有的同学有了规划并为之努力着。下面我们来看一下课前同学们做的调查问卷，并观察自己所在的区域。

教师播放PPT，展示调查问卷结果。

为什么选择播音主持专业？［单选题］

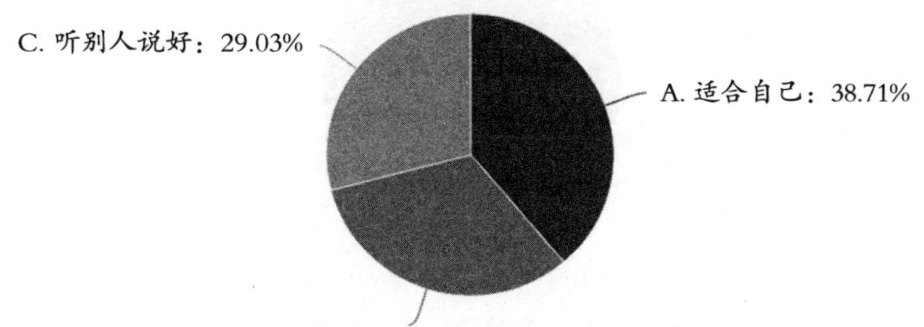

你对所学专业有明确的职业方向吗？［单选题］

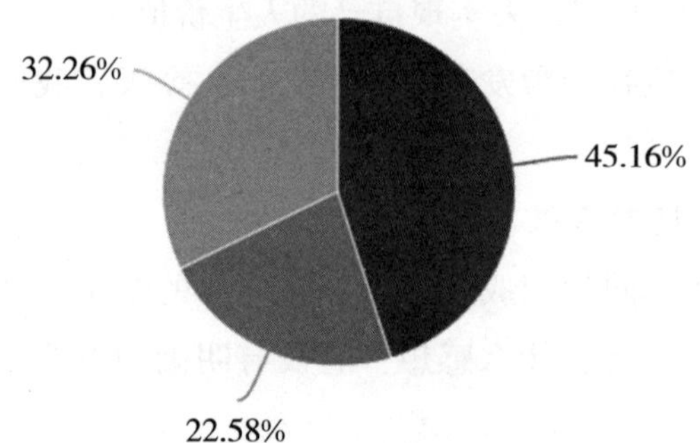

你清楚自己在当前及以后职业发展中的优势与劣势吗？［单选题］

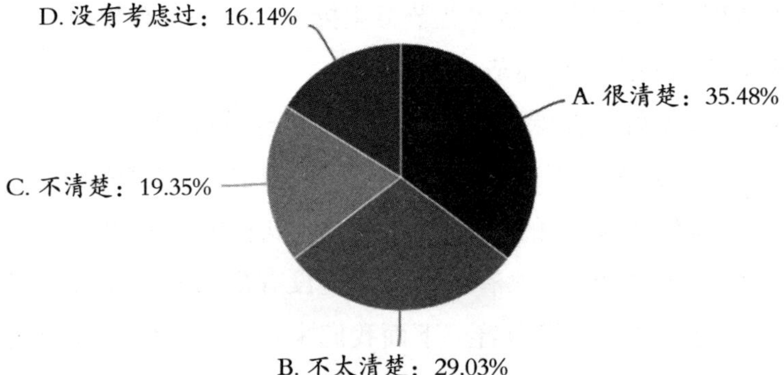

你目前的职业生涯规划情况如何？［单选题］

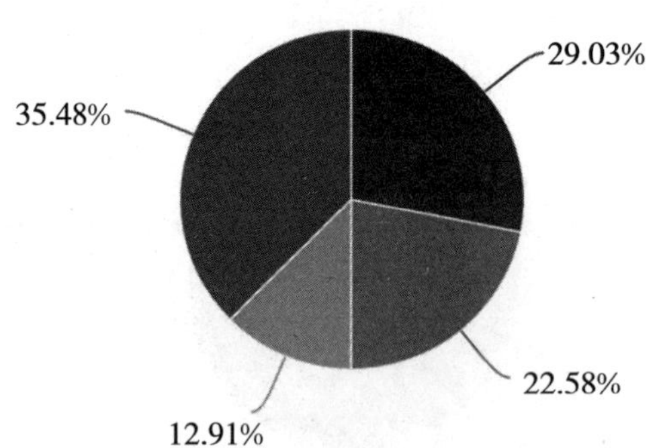

A.有清晰而长远的规划，并较好实施　B.有比较短期的规划，并较好实施　C.有规划，但是难以坚持实施　D.不知道如何规划，没有规划

假设你现在是毕业班的学生，马上面临就业问题，你可能遇到什么情况？［单选题］

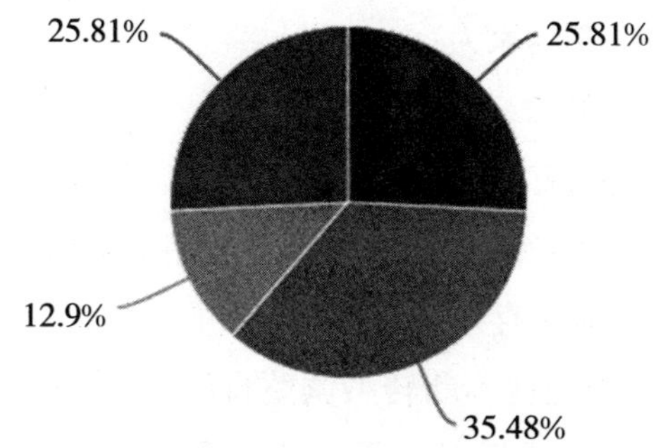

■A. 就业压力较大，担心找不到工作
■B. 缺乏清晰的职业规划，不知道找什么样的工作
■C. 自身的能力、技能水平不符合企业用人标准
■D. 对自己很有信心，相信自己的能力能找到合适的工作

你认为职业生涯规划对于正在就读的我们________［单选题］

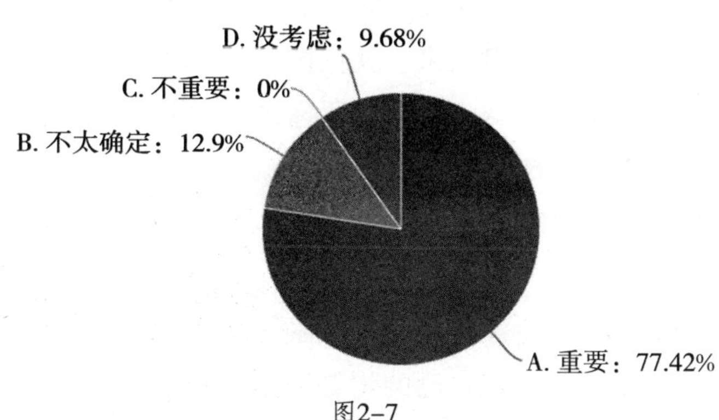

图2-7

教师总结：通过问卷调查发现有35.48%的同学没有职业生涯规划，缺乏奋斗目标；64.52%的同学总是考虑“我想怎样”却极少考虑“我能怎样”；12.9%的同学规划实施持续性较差。相信同学们应该听过一句话“机会总是留给有准备的人的”，如果没有规划，我们很容易虚度光阴，一事无成。老师给大家讲讲主持人杨澜的故事。

提起杨澜，大家都说她太幸运了，她从著名节目主持人到制片人，从传媒界到商界，一次次成功实现了她人生的转型，我们来看看她是如何成功的。（播放视频《名人职业生涯故事——杨澜》）

第一次转型：央视节目主持人；

第二次转型：美国留学生；

第三次转型：凤凰卫视主持人；

第四次转型：阳光卫视的当家人；

第五次转型：重回电视圈。

教师：杨澜的成功对我们有什么启示？

学生4：杨澜的成功之路告诉我们，勤奋是通往成功的敲门砖。业精于勤，勤能补拙，能变通者才能生存。

学生5：杨澜根据自己的境遇不断转型调整自己，利用好自己的优势。作为一名主持人她喜欢读书、喜欢思考，学习能力强，适合做访谈节目，容易和别人交流。

学生6：等待机遇，就是等待事业对你的垂青。但是机遇偏爱有准备的人，一切成功都要靠自己努力争取。

教师：同学们总结得很好。杨澜是幸运的，但这种幸运，并非人人都有，也不是人人都能驾驭的。它需要睿智的眼光、独到的操控能力，是职业经历累积到一定程度厚积薄发而来。就像杨澜自己说的那样，一次幸运并不可能带给一个人一辈子好运，人生还需要你自己来规划。如果没有规划，在校的三年我们很容易虚度光阴，一事无成。

环节二：知己知彼解惑（15分钟）

活动一：知己

教师：如何进行职业生涯规划？首先需要足够了解自我才能找到适合自己的工作岗位，因此我们要对自己的优势和劣势有客观的认知，在职业生涯规划中，他人的评价和自我评价都很重要。霍兰德认为，个人职业兴趣特性与职业之间具有一种内在的对应关系。根据兴趣的不同，人格可分为研究型（I）、艺术型（A）、社会型（S）、企业型（E）、传统型（C）、现实型（R）6个维度，每个人的性格都是这6个维度不同程度的组合。请各小组成员分享课前完成的霍兰德职业兴趣测量结果，并请代表发言分析自己的优势和劣势。

学生7：我做事认真，普通话比较标准，对播音主持专业也有浓厚的兴趣，但是知识储备不足，性格较内向，不善与人交往。

学生8：我的优势是有亲和力，喜爱唱歌、跳舞；劣势是体态不佳，做事比较马虎。

学生9：我有较强的组织协调能力和沟通能力，做事有目标、有计划，但是气场不足，上场容易紧张。

教师：这3位同学对自己进行了中肯的评价，为了使评价更客观，接下来我们请同组同学补充对他们的评价。

学生10：我觉得王强专业课学习认真，外形阳光，要是平常和同学们多交流就更好了。

学生11：我觉得张丽外形甜美，思维敏捷，但是讲普通话时前后鼻音不太标准。

学生12：我觉得李明语言有感染力，组织能力强，就是做事不够沉稳。

教师：通过自评和他评，相信同学们对自己有了更全面的认知。了解了自己的职业兴趣和优劣势后，同学们可以分析自己是适合做出镜记者、电台播音员、编导还是配音演员，在今后的学习中有侧重地提高自己的专业能力。

活动二：知彼

教师：除了知己，我们还需要什么？

学生：知彼。（异口同声）

教师：不仅要了解自己的优劣势，我们还需要了解招聘单位的需求。下面我们来看一则招聘简章。

播放PPT：腾讯体育节目主持人招聘启事

（1）岗位职责。

① 负责网站和App的体育栏目视频音频的主持和配音。

② 熟悉视频配音制作相关体育内容，并与编辑做好内容对接。

③ 负责策划及组织完成体育视频音频节目。

④ 关注相关视频节目的用户反馈，并积极提高用户体验。

（2）任职要求。

① 播音主持等相关专业，熟悉体育行业者优先。

② 形象气质佳，思维敏捷，有亲和力，具有优秀的语言表达能力和现场把控能力。

③ 学习能力强，掌握基础的视频录制和编辑技能。

④ 热爱体育行业，是足球或者篮球等体育运动爱好者。

福利待遇：公司提供十三薪，五险一金，绩效奖励。每月组织足球、篮球比赛，打台球，生日会，聚餐等。个人能力突出者可以再具体谈。

教师：同学们，对于这样的招聘启事，目标岗位的哪些特点是你喜欢的？哪些特点是你不喜欢的？

学生思考后回答：喜欢可以面对镜头、接触体育赛事、经常外出；不喜欢的是晋升空间小、不能正常作息、工资待遇低。

教师：通过这则招聘启事同学们可以看出，对于体育赛事来说，节目主持人起到了关键的作用。对我们的专业技能、知识面、整体形象或气质性格有哪些要求？

学生13：对于主持人来说，首先是普通话标准，不但要考取普通话一级甲等，还需要有正确无误的词汇表达、规范的语音和端庄的神情面貌。

学生14：较好的形象、知性的气质和比例匀称的身材是主持人所要具备的硬性条件。

学生15：不仅要有深厚的文化知识底蕴，还要有较好的语言感知和表达能力，能达到“声情并茂、赏心悦目”的视觉和听觉效果。

学生16：主持人的思维应变能力、记忆力和逻辑推理能力，肯定是比较强的，不但能在较短时间内有深刻的理解，还能快速地整理出合适的语言，并自然地、生动地表达出来。录制直播现场能解答一些刁钻问题，有很强的控场能力，遇事不乱，心理素质好。

学生17：优秀的主持人不但要具备以上所有方面的能力，还需要博学，上知天文下知地理，同时也要拥有风趣和幽默的个人魅力。

教师小结：对于体育播报的主持人来说，除了播音主持的基本专业素养外，还需要掌握丰富的体育专业知识。一份工作如果提供好的条件，那么相应也会提出高的要求，因此，我们不仅要有梦想，更要有实现梦想的策略。

活动三：解惑

教师：在我们身边就有很多优秀的毕业生，他们在校时努力学习，工作后抓住机遇，刻苦钻研，成了学校的骄傲，为我们树立了榜样。下面我们在线联系我校播音专业的优秀毕业生，分享入职心得及工作感受。

学生18：您专业这么过硬，并且创立了自己的传媒公司，您的成功秘诀是什么呢？

学长：刚开始，我的专业基础不够扎实，甚至连普通话都说不标准。为了练好自己的普通话，我坚持把每一个汉字的读音都琢磨透，每一句话的重音、停顿都研究透，逐字逐句地练习。为了提升自己的专业能力，抓牢基本功，我每天都坚持在学校的湖边练声，三年如一日，几乎没有间断过。2014年我以专业技能全市第一的成绩，考入南京艺术学院，普通话等级一级甲等。除了苦练专业课，我还制定了详细的职业生涯规划。另外，职业生涯规划是一个动态的过程，必须根据实施情况及变化及时地评估与修正。

学生19：学长，我上台就紧张，您有什么好办法帮助我克服吗？

学长：相信大家上台都会有紧张感，我也不例外。我的做法是多锻炼，适应舞台。在校期间，凡是有演讲比赛我都积极报名，学校的主持活动我也积极参与。久而久之，我的紧张感就慢慢变为了对舞台的向往，学弟学妹们可以试一试，期待你们的蜕变！

……

教师：通过学长的解答，相信同学们应该明白职业生涯规划的重要性了。

环节三：确立规划目标（10分钟）

活动一：准定位

教师：有些岗位对身高、形象气质有要求，有些岗位要求活泼善谈，有人身高不符、体重不易控制、性格内向……这些都是不能回避的问题，择业不是一厢情愿的，不能盲目选择，只有适合自己的才是最好的。各位同学根据自身情况选择是否调整目标岗位。

活动二：立目标

教师：请大家根据自身情况，填写表格。（稍做停顿，学生填写表格）

教师：下面请一位同学分享他填写的表格。

学生分享。

表2-4

岗位要求	自我分析	确立目标
形象气质佳	身高满足，体态欠佳	体态端正
普通话等级一级乙等	目前测试二级甲等	一级乙等或以上
了解时事政治	信息不足	拓宽时事政治知识面
沉着应变	上场紧张	心态平稳、应变智慧

环节四：制定行动决策（10分钟）

教师：通过分析，同学们明白了自己需要努力的方向，我们来共同制订详细的计划，将完善后的规划写在彩色卡纸上，完成“职业生涯规划卡”。

1. 行动决策

学生：制订计划

表2-5

确立目标	具体策略	短期目标（毕业）	中期目标（毕业后五年）	长期目标（终身）
体态端正	练习舞蹈	改善驼背	仪态端正	仪态优雅自然
一级乙等或以上	加强练功	二级甲等	一级乙等	一级甲等
拓宽时事政治知识面	看新闻联播	初步了解政治知识	熟练了解政治知识	融汇历史、国际政治知识
心态平稳、应变智慧	现场主持锻炼	不怯场	自信登场	游刃有余、睿智应变

教师：同学们制订好计划后，小组讨论可行性，并互相完善职业生涯规划，也可以向老师寻求帮助。

（教师巡回指导）

2. 规划上墙

教师：各位同学，我们共同将“职业生涯规划卡”张贴到班级文化墙上，时刻提醒我们努力的方向。

3. 教师总结

教师：职业生涯规划是对职业生涯乃至人生进行持续的、系统的计划，它不只是一张贴在墙上的卡片，还需要我们不断努力、挑战自己、以战胜困难的决心和毅力去实践。梦想就在前方，让我们规划职业、规划人生，在机会来临的时候，我们可以自信地告诉它：我，已经准备好了！

4. 全班合唱

全班齐唱《我相信》，在激昂的歌声中结束班会。

【班会延伸】

（1）阅读相关书籍，了解专业从业知识。

（2）浏览各类人才市场和招聘网站，了解行业发展需求。

（3）参与社会实践，增加接触行业的机会。

（4）定期开展规划执行汇报，互相监督、彼此激励。

【班会总结】

教师：我的学生中考失利，他们带着一丝挫败走进校园。他们对于中职学校的学习生活充满迷茫，无所适从，同时没有任何规划，更不知道在学校应当做哪些努力才能适应这个不断发展的社会。希望这节班会课能够给同学们些许启示，了解自己的优势、劣势，迎接机遇和挑战，合理规划个人的职业生涯。

3

第三篇

传承家国情怀
感念师友情谊

会沟通　善交际　增友情

一、总体构想

1. 教育背景

（1）《中等职业学校德育大纲（2014年修订）》指出，要把学生培养成为诚信友善、具有社会责任感的高素质劳动者和技术技能人才，养成自尊、自信、自强、乐群的心理品质，人格健全，乐观向上。

（2）学会沟通不仅是每个人必须掌握的技能，更是一种胸怀和素养。部分00后学生与自己的父母产生距离感，不愿意与父母交流、沟通，他们渴望交朋友，却又不善于人际交往，说话做事常常以自我为中心，朋友间经常因为一点儿小事闹矛盾。

（3）《帮女郎》是本地电视台一档新闻类节目，这档节目由几位女记者组成“帮女郎团队”，他们带着善意的笑容、奉献的爱心和实际行动为每一位需要帮助的市民奔走疾呼，解决百姓的大小困难。因贴心的服务和正义的态度，节目首次播出便创造了较高的收视率，几位女记者也为大家所熟知。

2. 班情分析

本班学生为中职二年级学前教育专业学生，全部为女生。

（1）优点：心思细腻，有班级荣誉感。

（2）缺点：部分同学不善于与他人相处，具体表现为：

① 在班级里、宿舍内经常因为一点儿生活琐事闹矛盾，轻则吵吵闹闹，重则动手推搡；

② 和同学产生矛盾后不懂得换位思考，认识不到自己的问题。

中职三年级要参加顶岗实习，从面试到实习、就业、创业都需要运用一定的沟通技巧。

3. 教育目标

（1）认识沟通的重要性。

（2）通过活动和讨论，学会人际沟通的技巧，体会不同的沟通方式带来的不同体验和感受。

（3）通过班会活动，将恰当的沟通技巧合理运用到日常生活中。

4. 教育方法

案例分析法、小组讨论法、情感体验法。

5. 设计思路

本班会模拟电视台生活类栏目《帮女郎》的形式，班长以“帮女郎”的身份解决双方当事人因沟通不当引起的纷争。整个班会以情景再现的形式呈现，“帮女郎”带领大家了解事件始末，分析矛盾原因——不善人际沟通，并最终找到解决矛盾的办法——主动交流、换位思考、与人为善、少说多听等沟通技巧，促使双方当事人重归于好。

二、活动准备

1. 教师

（1）确定班会课上讲述的案例、表演情景剧的人选。

（2）下载背景音乐，制作PPT。

2. 学生

（1）确定自己的角色并排练。

（2）准备案例讨论的内容。

（3）准备情景剧需要的道具。

三、实施过程

第一幕：不善表达造误会（10分钟）

1.“帮女郎”来帮忙

班级“帮女郎”讲述最近校园里发生的事情——小红和她的朋友小兰因为一件小事打翻了“友谊的小船”。

2.“帮女郎”讲故事

“帮女郎”讲述《老夫妻吃鱼》的故事引导全班同学进行讨论、交流、发言，分析小兰生气的原因。

3.“帮女郎”来采访

“帮女郎”：到底什么样的人才是真正的朋友？

同学们发言，表达各自对“朋友”的理解。

大家共同探讨“朋友”的定义，明确“朋友”的特质：真诚、信任、友善，懂得换位思考、愿意付出、彼此督促，宽容、大度、讲义气。

第二幕：时机不当惹人烦（10分钟）

1. 室友共吐槽

小红的三位室友发牢骚，指责小红最近说话不分场合、不懂分寸，导致宿舍氛围不和谐。

2. 小红谈苦恼

小红表达委屈，觉得自己已经很努力地与室友相处，却仍然不受欢迎。

3.“帮女郎”解惑

帮助小红解决疑惑：主动找别人沟通交流是对的，但是语气和方式不当便会引起误会。

“帮女郎”采访同学：如果你的室友是小红，她给你发微信红包，你会因此和她更亲近吗？你认为该如何处理宿舍的人际关系问题？

学生明确：世界上有一些东西是物质和金钱换不来的，比如友情。

设计意图：引发学生思考维系友情的方式，反思自己的日常行为，通过问题探讨懂得友情不是物质或金钱可以替代的。

第三幕：换位思考解矛盾（15分钟）

1. 情景剧表演

学生表演一对因性格不合而争吵的同桌。课间时，两人一进一出，在教室门口相撞。

表演暂停，“帮女郎”提问：接下来她们会有怎样的反应？结局如何？

学生讨论，发言。

两位表演者根据同学们设想的反应现场演绎结局：①各不相让；②有人退让。

教师展示课件，总结事件的不同进程和结局。

2.“帮女郎”采访

你曾经遇到过这样的事情吗？你是怎么处理的？

学生发言，讲述自己的处理方式。

教师边听边引导，询问如此处理后，学生的心情如何。

3.“帮女郎”总结

很多时候，引发争端的事情起因很小，但同学们往往选择激化矛盾的方式来处理，最后两败俱伤。总是能为别人设想、也总能退一步思考的人，不但能用言语帮助别人，也能用这种方式帮助自己，化解人生的烦恼。

设计意图：情景剧根据班级真人真事改编，通过讨论，学生自然而然地反思自己的日常行为，懂得换位思考的重要性。

第四幕：少说多听收获广（10分钟）

1. 案例展示——班长给我的任务

一天，班长以班主任的名义给某个同学安排了一个紧急任务。某个同学产生了两种想法：一是认为班长觉得我有能力，要做好这件事；二是认为班长想看我出丑或借此打击报复。

2. 思维引导

这位同学应该如何回应才能拉近关系，甚至消除彼此此前的隔阂？

学生发言。

3. 活动——我是一名准幼儿教师

教师：我是一名准幼儿教师，在与孩子接触时，应该如何运用语言技巧？

学生发表看法。

教师小结：作为准幼儿教师，培养孩子的说话能力是我们的教学内容之一。我们不仅要科学运用语言，更要懂得如何锻炼和提升孩子的语言能力。有时，倾听比说话更重要。多听，你才能知道孩子究竟想表达什么；多听，你才能在前辈的教学和建议中汲取营养，这就是“少说多听收获广”。

4. 小红的收获

班会课最后，大家集体总结沟通交流的重要性和方式方法，帮助小红解决交友难题，如主动交流、换位思考、与人为善、善于倾听……

设计意图：整节班会课以学生为主体，“帮女郎”和小红贯穿班会课始终，由小红的困惑烦恼引出学生们不善沟通的原因，在案例分析和讨论中掌握沟通的技巧与方法。

四、课后拓展

（1）每位同学完成普通话课程中命题说话的话题《我的朋友》。

（2）每位同学总结沟通交流的技巧，以截图的方式分享到班级QQ群。

五、班会反思

本次班会凸显了学前教育学生的专业特色，自编自导自演的情景剧参与者众多，学生在编排前，广泛收集了班级同学相互沟通的典型事件，在编排时就已做到了自我教育，找到了解决问题的正确方法。这种自我教育的过程打破了传统班会课班主任说教的方式，让学生更易接受，也锻炼了准幼儿教师的胆量和口头表达能力。

青春有梦　不迷惘

一、总体构想

1. 教育背景

（1）根据《中等职业学校德育大纲》（以下简称《德育大纲》）要求，“青春期心理健康教育”是中等职业学校开展德育工作的一项重要内容。《德育大纲》提出中职生应当有正确的人生观与世界观，应当学会正确处理好与异性同学之间的关系，明确个人的发展目标，追寻自己的梦想。

（2）中职生若无法正确处理与异性同学之间的关系，很容易形成错误的情感观，逐渐迷失自我。依据《德育大纲》要求，我校心理咨询室深入挖掘学生出现早恋现象的原因与症结，并探索出解决策略；通过开放心理咨询室和开展德育工作，帮助学生解决由恋爱产生的心理问题，引导学生确立正确的人生观与价值观。

2. 班情分析

本班学生为中职二年级对口单招音乐专业学生。恋爱问题在班级个别学生身上已初露端倪，还有部分学生正处于恋爱的边缘。调查问卷显示，恋爱问题存在的心理因素主要有以下几个方面：①学习太枯燥，用恋爱调剂；②同学在恋爱，我不谈没面子；③有恋爱对象照顾生活，何乐而不为？

3. 教育目标

（1）了解早恋的危害性，建立正确的情感价值观。

（2）通过班会活动，明确树立理想目标的意义，感悟到家长的期盼，学会感恩与珍惜。

（3）通过活动和讨论，能够正确分析早恋与未来的关系，冲破迷惘，实现个人理想。

4. 教育方法

明理激情法、同伴互助法、思辨探讨法、事例分析法。

5. 设计思路

以“青春有梦”为主线，通过体验、讨论和分享等活动领悟树立正确的人生观、价值观的重要性与具体做法，主要按照“恋曲展播——巧思明辨——深情厚谊——砥砺前行”四个板块开展主题教育活动。

二、活动准备

1. 教师

（1）准备背景音乐、PPT、信封。

（2）确定讨论的话题。

2. 学生

（1）课前查阅有关“恋爱观”的资料。

（2）布置教室，营造氛围。

（3）小组成员准备发言材料。

（4）准备彩色卡纸、便利贴。

三、实施过程

暖场活动：课间播放音乐《我的回忆》，以舒缓熟悉的旋律调动大家感悟青春。

设计意图：借助熟悉的旋律，激发学生参与的兴趣，产生情感共鸣。

环节一：青春有梦，恋曲展播（10分钟）

活动一：诗情交融

诗歌朗诵：一名女生上台朗诵《致橡树》，男生以萨克斯伴奏。

教师启发学生思考：《致橡树》的作者是谁？这是一首什么体裁的诗歌？

学生观看，思考，发言。

教师明确：这是舒婷写的一首现代抒情诗，是一首反映诗人恋爱观的诗歌。

活动二：主题探知

教师提问：什么是恋爱观呢？

学生对课前收集和整理的资料进行交流发言，达成共识，揭示其内涵。

学生明确：恋爱观，指一个人对于爱情的认识与了解，关于恋爱的态度、看法及行为倾向。一个人的恋爱观很大一部分取决于个人的人生观、世界观和价值观。

教师提问：谁知道《致橡树》这首诗反映了诗人什么样的恋爱观？

学生互相补充回答，揭示寓意：表达了一种独立、平等、互相依赖又相互扶持、理解对方的存在意义又珍视自身生存价值的爱情观。全诗通过整体象征的艺术手法，用“木棉”对“橡树”的内心独白，热情而坦诚地歌唱各自的人格理想，要求双方比肩而立，独立又深情相对。

设计意图：通过现场演奏优美的旋律和诗歌朗诵，吸引学生的注意力，促进全班学生的深度参与，揭示班会主题。通过语文课本上的选读诗歌进行小组合作交流，明确恋爱观的内涵。

环节二：青春有梦，巧思明辨（15分钟）

活动一：青春调查会

（1）在线调查。你有过恋爱的经历吗？恋爱产生的原因有哪些？恋爱对你（或你认为恋爱）造成了哪些影响？恋爱的心理感受有哪些？你觉得该如何对待恋爱问题？

（2）现场播报。借助投影设备，展示在线调查结果，分析恋爱现象在班级的情况。

（3）全班思考。

教师引导：结合班级在线调查情况，小组讨论分析中职生谈恋爱的原因有哪些。

小组讨论，小组代表发言。

师生探讨总结：①真心喜欢；②学习太枯燥，用恋爱调剂；③同学在恋爱，盲目跟风；④有人照顾，生活更方便；⑤缺乏家庭温暖，用恋爱来“补爱”。

活动二：青春辩论会

（1）角色分配。正方：一、二小组；反方：三、四小组。

（2）辩论话题：中职生恋爱的利与弊。正方：恋爱利大于弊；反方：恋爱弊大于利。

（3）学生开展小型辩论，师生共同探讨。

教师总结：恋爱并不是洪水猛兽。针对恋爱问题，作为中职生我们不要过于迷惘慌张。青春期的我们，对异性同学产生爱慕属于正常现象。但是，我们要学会正确分析中职生恋爱的利与弊，意识到中职就读阶段的主要任务还是学习，恋爱会牵扯我们的精力，分散我们的注意力，控制不好就会影响彼此的学业。更为严重的后果是对双方的身心健康造成伤害，尤其是对女生，甚至会造成影响终身的伤害。从校园安全角度来看，早恋问题不仅是学生个人的问题，有时还会有辐射影响，制造诸多校园不安全、不稳定事件。因此，我们作为中职生一定要正确对待恋爱问题。

活动三：青春成长会

教师提问：作为中职生的我们该树立什么样的恋爱观呢？

学生小组讨论交流，学生代表发言。

教师总结：①具有一致的思想、共同的信仰和追求；②摆正家庭、恋爱与未来的关系；③责任重大，严肃认真；④理解、信任和宽容，互相尊重，共同进步。由此可见，我们中职生树立正确的恋爱观对于人生发展尤为重要，有利于解决中职学习期间面临的恋爱问题。

设计意图：通过在线调查、博弈思辨及问题探讨，启发全班学生理解恋爱的特征、利弊，明确中职生该树立什么样的恋爱观。

环节三：青春有梦，深情厚谊（10分钟）

活动一：家长寄语

学生代表上台诵读课前准备的材料《一位家长写给高中早恋女儿的一封

信》，配以《感恩的心》背景音乐，利用投影滚动播放事先收集制作的班级所有家长对孩子恋爱的看法及寄语，让同学们深切感受家长对自己的关爱与期盼。

活动二：角色互换

教师设定情境：当我们与家长角色互换时，面对孩子早恋的现象，我们会怎么想？怎么做？

学生小组讨论。

教师正面引导：针对孩子早恋的现象，家长可能会表现出无奈与失望，也可能表现出气愤懊恼，无论哪一种表现，都是爱的表现。家长都希望孩子在未成年时期，以学业为重，努力学习，考上大学，让未来的道路更加平坦、宽阔，有更多选择的机会。因此，我们不能被冲动所摆布，被情感所束缚，一场没有根基的恋爱很有可能会改变我们的人生，产生不良的影响。我们要抵制住诱惑，坚定理想信念，在合适的年龄做合适的事情；要学会感恩，学会大爱，学会抓住机遇，在学业有成时，让一切刚刚好，一切更美好。

设计意图：通过家长寄语营造感恩的氛围，角色互换让学生感受到家长的无奈与期盼，加强亲子沟通，从内心深处激发学生学习的动力。

环节四：青春有梦，砥砺前行（10分钟）

活动一：故事新编

故事内容：兔子约乌龟第二次比赛……最后，乌龟获得第二次比赛的胜利。

小组讨论补充故事过程，为故事增加有趣的情节。

小组代表发言，师生点评。

教师小结：通过4个小组的新编故事，我们可以发现，最终乌龟获得第二次比赛的胜利并非偶然，因为乌龟有坚持的毅力、明确的理想、坚定的方向，它能有计划地向着理想不停奋斗。所以，我们在中职就读阶段，需要将自己的情感重点放在学习上，寄情于学习，寄情于奋斗，脚踏实地，结合个人学情，制订出适合自己、契合实际、科学可行的总体及阶段计划，并持之以恒地去落实，向着目标奋进。

活动二：书写梦想

设计心愿便利贴，在便利贴上写下自己的理想及简要的阶段计划，各小组同学按顺序将心愿便利贴，粘贴于班级心愿树上对应的位置，营造良好的班风学风，随时鞭策自己完成与调整学习计划，促进个人理想的实现。

活动三：教师总结

对于中职生来说，我们需要正确认识早恋现象，要清楚早恋造成的不利影响，要用行动从深层次进行预防，将情感进行有效转移，明白家庭给予的关爱与寄予的厚望，学会感恩父母，并确定明确的个人理想，用毅力、用坚持、用行动有计划地向着个人理想迈进，真正做到青春有梦，梦到实处方能走出迷惘！

活动四：全班合唱

全班齐唱《我相信》，在激昂的歌声中结束班会。

设计意图：通过故事新编调动学生参与的积极性，激发学生发散思维；帮助学生确定理想目标，制订初步学习计划；教师总结帮助学生明确恋爱的利弊，感恩的必要，理想的重要；全班合唱《我相信》，注入激情，注入自信，注入力量，放飞梦想、砥砺前行。

四、课后拓展

（1）学生在准备好的卡纸上写下最想对家长说的话，并装进教师发放的信封中，信封上标注家长与自己的信息，各组组长将信封收齐，交于教师，教师将在下周家长会上交给各位家长。

（2）开设以“青春不迷惘”为主题的家长会。

（3）开展“文明之星”评选活动。

（4）邀请校园心理情感专家开展预防早恋的讲座。

五、课后总结

通过本次班会，学生认识到恋爱观的内涵，明晰中职生应该树立何种正确的恋爱观，清楚早恋的危害，知道如何安放情感，学会用感恩之心去面对家庭，冷静地追逐理想，在实现理想的道路上有计划、有信心、有毅力，放手一搏、砥砺前行，最终实现人生价值，成就一生。

家谱印亲情　家训鉴德行　家风铸国风

一、总体构想

1. 教育背景

（1）习近平总书记曾在2015年春节团拜会的讲话中全文引用《游子吟》的诗句，生动表达了中华民族深厚的家庭情结。重视家庭、重视亲情，注重家教、注重家风，习近平总书记不仅有着深切的体会，更挂念于心、身体力行。他说："我们要重视家庭文明建设，努力使千千万万个家庭成为国家发展、民族进步、社会和谐的重要基点，成为人们梦想起航的地方。"

（2）为加强家庭文明建设，我市妇联在全市范围内开展了家风家教宣传展示活动，我校吴典梅老师的家庭被评为"五好家庭"并参与宣传。

（3）《中等职业学校德育大纲》提出，要加强家庭美德教育。本人所在学校在德育工作中比较注重家庭美德教育，在学生背诵的校园三字经中包含"放学时，早回家；多做事，孝爹妈；父母恩，比山重"等通俗易懂的亲情教育；每年我校都会以母亲节、父亲节为契机，开展"亲情——感恩——立志"系列主题活动。

2. 班情分析

本次班会授课对象为苏北农村中职一年级种植专业的39名学生。据调查问卷数据显示：这些学生的父母多数务农或打工，在亲子沟通上缺乏科学意识、时间和方法，对学生的成长发展比较依赖学校教育，这导致部分学生出现言行偏颇、情感缺失等问题。虽然他们需要良好的亲情沟通，但客观情况难以改变。

据调查，班级中71.79%的学生所在家庭有家谱，42.85%的家庭有家训，这是有利的育人资源。但是，能完整说出家训的同学仅有6人，能领悟其内涵并内化践行的寥寥无几。

学生家长表达亲情的形式内敛，亲子沟通主题局限于“好好学习”，教育方法不足，面对问题常抱怨：“我也没办法。”忽略家训的育人力量，没有传承和发扬家风的意识。

3. 教育目标

（1）通过活动，了解家谱，感悟亲情，与父母增进情感交流。

（2）通过案例与讨论，感受家训的育人力量，重视家风、家训、家教。

（3）通过解读，理解家训内涵，将家训作为言行标准，正德尚行，传家风、正国风。

4. 教育方法

家校共育法、案例分析法、榜样学习法。

5. 设计思路

以“亲情”为主线，将血脉之情化为精神纽带，引领学生领悟家谱、家训、家风的内涵，通过爱家与爱国、传承家风与发扬国风的讨论与理解，内化美德，外正品行。本设计从学生和家长两个方面同时着手，家校共育开展主题教育活动。

二、活动准备

1. 教师

（1）准备《时间都去哪了》音乐，收集班级学生全家福或与父母合影的照片，制作电子相册。

（2）收集名人家风家训案例。

（3）邀请我校吴典梅老师准备5分钟微讲座。

（4）与学校协调准备阶梯教室。

（5）向家长发邀请函（线上、线下）。

（6）开预备会强调纪律，安排纪律助手。

2. 学生

（1）准备自己的家族家谱（没有家谱的同学可与父母共同列写家族世系表）。

（2）向父母了解家族故事。

（3）布置阶梯教室，贴席卡，在入门处铺红毯布置“亲情星光大道”。

3. 家长

（1）现场到会。

（2）线上到会（在外地家长可参加QQ、钉钉等云会议视频）。

三、时间安排

结合我校“古韵寻源——传统文化进家门”主题活动，利用家长学校活动日开展主题班会，总时长为90分钟。

表3-1

序号	环节	用时（分钟）
1	入场	5
2	环节一：家谱印亲情	20
3	环节二：家训鉴德行	40
4	环节三：家风铸国风	25

四、实施过程

入场：大屏幕播放电子相册，展示合影，播放亲情歌曲《时间都去哪了》，学生与家长（线上持手机视频）携手走过亲情星光大道，与家长相伴入座。

设计意图：感人的旋律，熟悉的照片，特别的仪式，营造欢乐祥和的亲情氛围，激发亲情感受，引入主题。

环节一：家谱印亲情（20分钟）

教师开场白：看着大家携手入座，教室里充满着亲情的温暖，这让我非常感动。我们中国人表达感情比较含蓄，因此家长与孩子之间很少表达对彼此的爱，可这份爱却在一个地方记载着，就是刚才大屏幕上的合影。这样的爱代代相传，一个家族世系繁衍和长辈们的期望与嘱咐又在一本特殊的图书里记载着，这就是——家谱。

1. 读谱——寻根查本看家谱

教师提问：大家的家谱由哪些部分组成？

学生、家长共同翻阅，回答。

师生明确：家谱里有家族的历史、字辈、世系表、名人事迹、家训等，不尽相同。

教师引发大家思考：家谱的作用是什么？

学生、家长思考并回答。

师生共同提炼：家谱的作用是寻根、留本、备查、增知、育人、血肉连情，有着深刻的内涵与意义。

2. 明义——家谱世系话亲情

教师提议：请大家在世系表里找到你们的名字。

学生、家长共同查找并指出自己的名字。

教师引导学生思考：我们与父母的名字之间有一条短线，这条短线有什么寓意？

学生思考，回答，阐述自己对这条线的理解：是血脉的延续、骨肉亲情、养育之恩……

教师引导家长思考：这条短线对各位家长意味着什么？

家长思考，阐述：是血脉的继承、是未来的希望、是放不下的挂念、是肩上的担子、是打拼的动力、是最宝贵的幸福……

教师小结：短短的一条线，是两代人关系的纽带，蕴含着世界上最割舍不断的情感——亲情。

设计意图：解读家谱，了解家谱的内涵与意义；在家谱中感悟亲情，两代人的回答变成亲情对话，感受亲情的流动。

环节二：家训鉴德行（40分钟）

1. 见贤——名人故事看家训

教师：亲情带来的除了关心与爱护，还有教育的责任。正所谓“养不教、父之过”。下面我们来看一看梁启超教育儿子梁思成的故事。

案例：

梁思成给父亲梁启超写了一封信，他认为上学学不到东西，不符合自己的理想。梁启超用曾文正的两句话“莫问收获，但问耕耘”来告诫孩子不用去想将来的成就，只要现在努力耕耘，必会成为对社会有用的人。梁启超有子女十人，长大成人个个成才，这和梁启超对他们的教育培养有密切的关系。

教师提问：通过这个案例，请大家思考一下，为什么梁启超的子女能够获得成功？“莫问收获，但问耕耘”这句话有什么作用？

学生明确：子女听从父母的教诲，有上进心。

家长明确：梁启超用简洁的语言阐释做人的道理，就像家训。家训可以形成约束力，纠正人的德行，正德尚行之人，方能成功。

2. 修身——明晰内容论家训

（1）教师：请同学们说一说自己的家训是什么？体现祖辈什么样的思想？

学生举手发言（可向家长询问）。

家族经商者，家训要求诚信做人；祖先有官员者，家训要求戒骄戒贪戒淫逸；有的家族重孝道，有的家族重礼义廉耻……

师生小结：一句家训，承载着先辈对子孙后辈的殷切期望和祝福，是血脉中传承的家族精神。

（2）教师：是不是有了家训，孩子就一定能成功？

师生明确：如果缺乏对家训的重视与践行，纵有家训也是枉然；如果能够重视孩子的教育，父母正面指导，就算没有家训，孩子也能成才。

3. 齐家——践行美德传家训

（1）教师向家长询问：你有和孩子讲过道理吗？效果理想吗？应该怎么做？

家长表述。

教师：讲道理很难被孩子接受，如何才能让孩子认可家训、遵循家训？我们学校吴典梅老师的家庭在市家风、家教宣传展示活动中被评为“五好家庭”，下面我们一起来听吴老师的讲座。

（2）微讲座：《家训成就五好家庭》

讲座内容：吴典梅老师讲述由于家训中“孝”字当头，他们夫妇坚持“家有一老，如有一宝”的观念。老人的宝贵在于丰富的阅历和智慧、循循善诱而富有哲理的教育思想。有了吴老师夫妻二人的身体力行，子女也遵循家训，对长辈孝顺，家庭和睦……

（3）家长向吴老师现场咨询管教孩子的问题。

吴老师交流分享：身教重于言传，家长自己做好比言语管教更有力，“其身正，不令而行；其身不正，虽令不从”。

家长总结：家训不是家长教育孩子的尚方宝剑，只有家长践行在先，对孩子起言传身教的作用，家训才能发挥其育人作用。

设计意图：通过案例与讨论，感受家训的育人力量，重视家训家教，理解自己的家风中蕴含着价值观培育的内容等丰富的教育资源；讲座与交流，帮助家长找到家训育人的核心方法——言传身教。

环节三：家风铸国风（15分钟）

1. 治国——正反两面辨家风

教师：调查问卷显示，部分同学认为家训没有意义；也有家长反映，能赚钱过好日子就行。其实好日子除了物质财富，精神财富也必不可少。修身、齐家、治国、平天下。打造良好家风不仅是一家之本，也是对社会、对国家的贡献。下面我们一起来看两个案例。

案例一：

不能贪多，一旦认准了，就要坚持下去！

华静，是著名的“杂交水稻之父”袁隆平的母亲，这位新时代的知识女性，用自己的谆谆教导，影响着袁隆平的成长与选择。袁隆平在安阳做农业教师时，接触到水稻培植，研究初期困难重重，他记得母亲说过：“上天给一个人的恩赐不会太多，一定要学会好好珍惜，不能太过贪心，也不能贪多，一旦认准了一件事，就要不辞辛劳地坚持下去，如此才能收获成功的喜悦，实现自己的人生价值。”于是他全身心投入杂交水稻的研究中，并一直坚持了几十年，把毕生的精力奉献给“让所有人远离饥饿”的梦想。

案例二：

我爸是李刚

2010年10月16日晚，在河北大学新区超市前，一辆黑色轿车将两名女生撞出数米远。被撞一陈姓女生于17日傍晚经抢救无效死亡，另一女生重伤，经紧急治疗后脱离生命危险，转院治疗。肇事者口出狂言：“有本事你们告去，我爸是李刚。”

教师提问：对比分析，家风对社会风气、国家风气形成有什么样的影响？

学生、家长集体讨论。

教师提炼：良好的家风可以促使一个家族的强大，带动一代民风的升华，甚至涵养好国风；而不良的家风不仅让小家无德，还会伤害他人，污染社会风气。

2. 平天下——弘扬家风铸国风

教师在黑板上写下社会主义核心价值观，父母与孩子共同讨论自己的家风家训符合价值观中的哪一项，将学生的席卡粘在其下方。

教师小结：家风是一种力量，是社会主义核心价值观的重要载体和集中体现，关乎社风国运。塑造家风应秉承爱国爱家、与人为善的情怀，体现仁义礼智信等中华民族优秀传统文化之精髓，筑牢积极向好向善的社风之根基，如此，则是国之幸、民之福。一本家谱印亲情、一句家训鉴德行，让我们扬家风、铸国风！

设计意图：通过案例对比，让学生与家长在讨论中明白家风与社会风气、国家命运的紧密联系；家风归属到相应的核心价值观，将自己的家风与国风进行一次亲密接触，直观感受小家对国家的重要意义，爱家即爱国，传承家风，发扬国风！

五、课后拓展

（1）每位同学自制家风卡，贴上全家福，写上家风家训，贴在班级走廊、文化墙上。

（2）举办“我的家风故事会”演讲比赛活动。

（3）自选《傅雷家书》《颜氏家训》《朱子家训》《钱氏家训》等书籍阅读。

（4）与父母以家风为纽带，加强情感沟通。

六、课后总结

本次班会，通过了解家谱，感悟亲情，在家长与学生之间找到了适合表达亲情的桥梁；通过案例与讨论，感受家训的育人力量，重视家训家教，理解家训内涵，继承和发扬好家风，为践行社会主义核心价值观、建设社会主义精神文明添砖加瓦。

何其有幸　生于华夏家

——爱国主义教育主题班会

一、总体构想

1. 教育背景

（1）习近平总书记指出，弘扬爱国主义精神，必须把爱国主义教育作为永恒的主题。党的十八大以来，党中央高度重视弘扬爱国主义精神，凝魂聚气，强基固本；把爱国情、强国志、报国行自觉融入坚持和发展中国特色社会主义事业、建设社会主义现代化强国、实现中华民族伟大复兴的奋斗之中。

（2）青少年是爱国主义教育的重点人群，要把爱国主义教育贯穿学校教育全过程，发挥好课堂教学的主渠道作用，推动爱国主义进课堂、进教材，让爱国主义精神在广大青少年心中牢牢扎根。

（3）学校经常组织开展爱国主义主题教育活动和重大纪念活动，特别是运用仪式礼仪，强化学生的自豪感、认同感和归属感。

2. 班情分析

本班学生为医护专业二年级学生，为00后的一代，家庭物质基础良好，大部分学生性格外向、独立、自信，专业基础扎实，对医护行业有一定的认知，但责任意识淡薄，缺乏严谨的职业精神和端正的职业态度，对未来缺乏规划，“知行”不统一。

3. 教育目标

（1）明确“爱国”的意义，坚定爱国主义信念。

（2）能够将个人命运与国家命运紧密联系起来。

（3）树立远大的人生目标，规划职业发展，立志为国家做贡献。

4. 教育方法

合作探究法、案例分析法、榜样学习法。

5. 设计思路

通过明“爱国含义”——懂“命运关联”——立“爱国之志”——设“人生规划”四个环节，让学生逐步理解“什么是爱国、为什么要爱国、怎么去爱国”等问题，树立正确的人生观、价值观和世界观。在增强学生爱国热情的同时，鼓励学生坚定信念、脚踏实地，做好人生规划，在自己的岗位上为祖国做贡献。

二、活动准备

1. 教师

（1）召开班委会，商量班会形式、内容，分派任务。

（2）联系往届毕业生，做好沟通工作。

2. 学生

（1）课前分小组收集爱国事例。

（2）排练《少年中国说》朗诵。

三、实施过程

1. 认知——明“爱国含义”

话题讨论：你认为什么是爱国？爱国可以体现在哪些方面？你对“中国梦”如何理解？

学生分小组讨论，结合课前收集的具有代表性的爱国人物事迹，分组阐述什么是爱国。

教师小结：虽然我们现在还不能像爱国人物那样做出光辉的事迹，但从讨论中大家也认识到了爱国的含义。好好学习、尊重国旗、公益活动等都是爱国的表现，也认识到了“中国梦”是我们每一个中国人的梦。

设计意图：通过小组讨论，引导学生理解爱国的含义、“中国梦”的意义和中华民族伟大复兴的决心，树立正确的世界观、人生观和价值观。

2. 成长——懂“命运关联”

教师播放视频：

视频一：《八佰》片段。影片中，谢团长一次次提到国际关系，就是在寄希望于强国能够伸出援手，但“弱国无外交”，一条苏州河分隔了仓库与租界，地狱天堂，形成强烈对比，南岸灯红酒绿车水马龙，北岸炮火连天尸横遍野。四行仓库像是中国抗日战争的一个缩影，租界里的各国观察员们冷眼旁观，以为这是一场没有悬念的战役，唯一的关注点好像是预测多少小时结束战斗。而所有的一切都是因为当时的国民政府羸弱，国际地位低下，没有办法保护民众。

视频二：《战狼2》片段。影片中，叛军首领对手下说：“我们不可以杀中国人，中国是常任理事国！”在战乱之中，祖国为侨民提供了安全保障——免费护送侨胞回国。“一张中国脸，就是一张通行证。”侨胞体会到了来自祖国的温暖，更体会到了祖国的强大。最后冷锋扔掉了武器，高举着国旗安全通过战区。这一幕幕都在说明，我们的国家再也不是任人欺凌的国家，而是一个矗立在东方的大国，是一个让任何国家都不敢小觑的强国。

看完视频，请学生谈谈自己的感想。

从两段视频的强烈对比中，学生感受到了国家和个人的命运紧密相连，一个强大的国家才能够保护她的公民。学生也意识到，一个国家的强大是靠我们每一个中国人的努力奋斗，我们的一言一行都在影响着国家的兴衰荣辱。

设计意图：借助两个影片片段，让学生意识到，自己的命运与国家的命运息息相关。在唤醒学生民族自豪感的同时，明确爱国是我们每个人都不能推卸的责任，是我们每个人都必须终身去坚守的目标。

3. 准备——立“爱国之志”

教师适时引导学生：中国还需要更强大，这样中国人才不会被欺负。

教师提出问题：那么怎样做才能让中国更强大？

PPT显示“少年强，则国强”字样。

（1）展示实习照片

PPT展示学生实习照片，照片中抓拍到一些学生正认真严谨地做实验，同时也抓拍到一些学生马虎对待、敷衍了事的学习状态。

教师引导学生对照照片，反思自身，再观察别人，引发思考：我在做实验时是以什么标准要求自己的，是以什么态度对待每一次实验的？是如何对待每一天的学习和生活的？

同时，教师分发调查问卷，问卷内容包括：做实验时的每个步骤是否清晰？每个步骤能否做到位？本学期以来所做实验的达标次数？在做滴定实验时，能否严格按照滴定标准……

学生结合调查问卷，发现自身存在的问题。

教师总结：少年强则国强！作为学生，作为民族的未来，应该用正确的方式去爱国，用做好本职工作、刻苦学习的实际行动去表达自己的爱国热情，为中华民族伟大复兴贡献力量。

（2）朗诵《少年中国说》选段。

故今日之责任，不在他人，而全在我少年。少年智则国智，少年富则国富；少年强则国强，少年独立则国独立；少年自由则国自由；少年进步则国进步；少年胜于欧洲，则国胜于欧洲；少年雄于地球，则国雄于地球。红日初升，其道大光。河出伏流，一泻汪洋。潜龙腾渊，鳞爪飞扬。乳虎啸谷，百兽震惶。鹰隼试翼，风尘翕张。奇花初胎，矞矞皇皇。干将发硎，有作其芒。天戴其苍，地履其黄。纵有千古，横有八荒。前途似海，来日方长。美哉我少年中国，与天不老！壮哉我中国少年，与国无疆！

设计意图：这一环节，借由实习照片反映问题，促使学生从旁观者向行动者转变，再由梁启超的《少年中国说》让学生明确“少年强则国强”。青少年肩负着祖国的未来，要从自身做起，脚踏实地，努力奋斗。

4. 成熟——设“人生规划”

（1）视频连线往届毕业生孙丹同学，现就职于泰州市人民医院。

在现场连线中，孙丹提到，在工作岗位上近10年，她最大的感受就是中国医疗水平突飞猛进，以器官移植技术来说，以前很多人会选择去国外治疗，而随着我国器官捐献工作进一步规范和移植技术的不断提高，越来越多的人选择在国内治疗。2017年，我国共完成442例心脏移植，1年、5年和10年存活率都比国际平均水平高10到15个百分点。

孙丹：现在最想对同学们说的就是，虽然你们还没有参加工作，但是每个人都有自己的阵地，每个人都要尽到自己应尽的责任。你们现在的阵地就是学好技术，将来为祖国医疗事业出一把力。你们是祖国的希望，希望你们能够把握好现在，脚踏实地，努力拼搏，站好自己的阵地，相信终有一天，你们能够为祖国贡献自己的一份力量。

（2）设定目标，砥砺前行。

教师引导学生设立人生目标，进行职业规划。结合社会主义核心价值观，从爱国、敬业、诚信、友善四个方面，树立正确的职业理想和行动目标，班级设置目标墙，学生制作目标贴士，贴于目标墙上，互相监督，共同进步。

四、总结拓展

1. 教师总结：“中国梦”，我们曾经离它很远，现在离它如此之近。要想实现强国梦，必须先一步一步充实自己、强大自己。身为年轻一代的你们，首先要对自己负责，加强道德修养，锤炼道德品质，科学地对待人生，努力创造有价值的人生，这是对自我的要求，也是承担社会责任的第一步。此后，你们要用你们的能力来回报家庭、国家、社会，为社会进步做出自己的贡献，为人类文明的发展贡献自己的一份力量。星星之火，可以燎原。我坚信，只要努力向着太阳，你们就是一朵朵灿烂的向日葵，大家共同努力就一定能够实现我们的梦——中国梦！

2. 拓展活动：班委组织学生以“中国梦，我的梦”为主题，制作手抄报，并向全校发起倡议，倡议同学们从小事做起，从当下做起，努力学好专业知识，掌握专业技能，为祖国发展贡献自己的一份力量。

五、教学反思

中职生对“爱国”一词的理解还比较浅层次，无法将个人命运同国家命运联系起来。但是通过收集资料，阅读举国抗疫的报道，感受前辈冲锋陷阵和宣誓立志等一系列举动背后的心理状态，学生理解了“什么是爱国”“为什么爱国”和“怎么爱国”，对爱国有了更深刻的理解。最后设立人生目标，对自己进行全新的定位，明确个人的奋斗能够推动国家的发展，为实现“中国梦”做出自己的贡献。

感师恩　颂师情

一、总体设计

1. 班会背景

（1）《中职生公约》第四条“讲文明，重修养”，要求学生做到尊师孝亲，养成尊重老师、孝敬父母、懂得感恩的行为习惯。

（2）中职生是我国未成年人的重要组成部分，是我国未来产业大军人才的重要来源。加强和改进中职生思想道德教育、提高中职生思想道德素质，对于全面实施科教兴国战略和人才强国战略、提高劳动者素质、培养中国特色社会主义事业合格建设者和可靠接班人，具有重大而深远的战略意义。

（3）如今的孩子常被称作“冷漠的一代”，不懂感恩。在教师节来临之际，学校开展“感师恩，颂师情”主题活动，以此为契机，引导学生感师恩、重师情。

2. 班情分析

我班为机电专业二年级学生，均为男生，多数为独生子女，认为老师对学生好是应该的，有的内心虽有感谢之意但不善表达，有的甚至认为不必感恩。在教师节来临之际，班委提出为每位老师准备一份手工礼物，班级大部分同学提出了异议，觉得太麻烦，没有必要。希望通过班会让学生明白感师恩、表谢意的真正含义。

3. 教育目标

（1）引导学生感受老师对学生的付出，激发感恩之心。

（2）理解老师工作的辛劳，体会老师的良苦用心，懂得尊重老师。

（3）用自己的实际行动感谢师恩，体会常怀感恩之心的快乐。

4. 教育方法

故事启迪法、小组交流讨论法、榜样示范法。

5. 设计思路

表3-2

设计环节	设计意图	教育原理或方法
将心比心——知师恩	换位思考，知师恩	小组讨论法
我言我师——忆师恩	共情讲述，忆师恩	故事启迪法
真情告白——感师恩	表达情感，感师恩	真情强化
不负韶华——报师恩	实际行动，报师恩	榜样示范法

二、活动准备

（1）教师：收集照片，准备彩色卡纸、抢答资料。

（2）学生：设计板报、编排情景剧、准备合唱歌曲。

（3）师生共同准备：布置环境，营造氛围。

三、实施过程

环节一：将心比心——知师恩

活动一：播放歌曲和幻灯片

播放歌曲《每当我走过老师的窗前》，同时播放幻灯片，展示老师们辛劳工作的一天。

内容简介：

场景一：清晨，班主任到教室陪伴同学们早读；

场景二：老师在课前认真备课、下课后仔细批改同学们的作业；

场景三：班主任陪伴同学们做课间操；

场景四：班主任在课余时间，到宿舍了解同学们的生活情况；

场景五：老师和同学们讨论习题；

场景六：寒冷的冬季，晚自习后老师骑车离开学校。

师生达成共识：课堂上，同学们看到的只是老师的45分钟，而课后，老师们的工作竟是如此忙碌和辛苦。

活动二：情景剧《小题大做》

（1）学生表演情景剧。

内容简介：

班级发生的一些“小事”，有同学上课时睡觉、发呆、看课外书、玩手机；不能认真打扫卫生、乱丢垃圾；实习过程中工具摆放不到位、工装穿着不规范等，老师提出批评教育后，同学们对老师不理解、不认同，表面敷衍了事并在背后抱怨老师“事多”，认为这就是一些“小事”，没必要小题大做，是老师太较真。

（2）引导讨论：这些“小事”对吗？这些是“小事”吗？老师为什么要“小题大做”？应该怎么做？

（3）达成共识：这些所谓的“小事”并不小，而老师所谓的“小题大作”是为了学生在校能够学有所长，为同学们顺利走出校门，走向社会，成为符合企业需求的技术人才而开展的教育。

活动三：关于“老师”知多少

（以组为单位，采用抢答形式，每题10分）

抢答内容：

① 今年是我国第（　　）个教师节？

A. 35　　　　B. 36　　　　C. 37

② 教师的始祖是（　　）

A. 老子　　　　B. 孔子　　　　C. 孟子

③ 教育家陶行知最为著名的名言是（　　）。

A. 千教万教教人求真；千学万学学做真人

B. 捧着一颗心来，不带半根草去

C. 身教重于言传

④ 请补充完整：春蚕到死丝方尽，____________________。

⑤ 你知道歌颂教师的歌曲或谚语有哪些吗？（说出一首歌名得1分，两首得2分，以此类推）

⑥ 你知道对教师的称谓有哪些吗？（说出一个得1分，两个得2分，以此类推）

⑦“北宋学者杨时尊师好学，一次他和同学去洛阳拜见老师程颐。当时正值三九严寒，天空飘着雪花，他们来到老师门前，见老师在打瞌睡，不愿打扰，就静静地肃立在门前的雪地里。程颐醒来看到他们，连忙让进厅堂，这时门外积雪已有一尺多厚。”这个典故被后人称为什么？

学生明确：程门立雪。感悟杨时和同学对老师的尊重和恭敬。

小组加分，评选优胜小组。

设计意图：通过观看图片体会老师工作的不易；通过对“小题大作”的理解明白老师的责任与爱，学会换位思考、将心比心。通过抢答活动和典故普及与老师相关的文化常识。

环节二：我言我师——忆师恩

活动一：《长大后我就成了你》，班主任讲述自己的故事

内容概述：

我在高中时成绩平平，默默无闻，有的任课老师甚至叫不上我的名字。直到高三，换了一位新班主任。开学没多久，新班主任把我叫到办公室单独谈话，她拿出我上学期的成绩单，帮我分析自己的强项和弱项以及该努力的方向。最后她微笑着说：“你的成绩虽然不是最好，但是比较稳定，性格也比较文静，好好努力说不定能考上比较不错的师范学校。”因为她的话，我受到了鼓励，同时也找到了努力的方向，最终考上了师大，成为一名人民教师。现在的我作为一名班主任，希望自己的某句话、某个行为，也能成为大家前进的动力！

师生达成共识：在我们成长的道路上，某些老师在某些时刻温暖了我们的内心，指引了我们前进的方向。

活动二：让我印象深刻的一位老师

教师：在求学路上，是否有某位老师（小学老师、初中老师，或者是辅导班、兴趣班的老师）的某句话或者某件事让你印象深刻？为什么？

（提示：在学业上的指导、在生活中的关爱皆可。）

学生分享自己和老师的故事。

师生达成共识：只要留心，就会发现老师对我们的关心和帮助，生活中不缺乏师爱，只是我们熟视无睹罢了。

设计意图：通过回忆让自己感动或者印象深刻的老师，在讲述中共情，进一步点题。

环节三：真情告白——谢师恩

活动一：小品《我最喜欢的老师》

内容简介：

课间小军看了一下课表，高兴地回到座位和同桌说："下面是制图课，我最喜欢张老师，他讲课生动幽默且实用，45分钟一会儿就过去了。"小军的同桌说："我最喜欢英语老师，她长得漂亮，说话声音也好听。"其他同学……

师生讨论。

教师：刚才小品中同学们的对话，表现出了对不同特点老师的喜爱。你最喜欢哪位任课老师？为什么？

学生积极发言。

师生达成共识：班级任课老师有很多优点，值得我们去发现、去喜爱。

活动二：制作贺卡

下发心形彩纸，以《感恩的心》为背景音乐，同学们把喜欢的老师及理由写下来，作为教师节的礼物送给老师。

设计意图：通过小品产生共鸣，思考任课老师的优点并写出来送给老师，感谢师恩，促进师生和谐相处。

环节四：不负韶华——报师恩

活动一：榜样的力量

内容简介："全国最美中职生""全国优秀共青团员""全国焊接技能大赛"一等奖获得者李阳，在大学校园给母校和指导老师录制的一段感谢视频，感谢母校的培养及指导老师的悉心教导。

教师：李阳为什么会录这段视频？我们在校期间应该怎么做才能报答师恩？

学生探讨，发表看法。

师生达成共识：对老师最大的回报，就是我们在校努力学习，不辜负大好青春，在踏出校门前能够学有所长，将来成为社会栋梁之材。

活动二：教师总结

感恩是一种优良品德，也是一种处世哲学，更是生活中的大智慧。对老师表达感谢、送去祝福，体现的是我们的感恩之心和和谐的师生关系。老师会把这份感恩回馈到课堂上，让我们的课堂更精彩！

活动三：全班合唱

全班合唱《感恩的心》，在悠扬的歌声中结束班会。

设计意图：通过讨论，同学们发现任课老师的优点，从心里感激老师；自制礼物承载感恩之心，送给老师，让师生情感更和谐。

四、拓展延伸

（1）开展“我为老师做件事”活动。鼓励同学们利用课余时间帮助老师做一件力所能及的事情（打扫办公室、搬水、抱书等）。

（2）组织任课教师给学生写寄语，鼓励同学们勤学、精学。

（3）拍摄同学们给老师送祝福的视频，于教师节当天发给任课老师。

五、活动总结

通过本次主题班会，展现了老师的不易，“将心比心”，让学生站在老师的立场看问题，理解“小题大作”的苦心，发现“师爱”，感受师恩，以学长为榜样，努力学习，以实际行动报答老师。

“学说话，懂沟通，增友情”主题班会课堂实录

【班会背景】

升入二年级，系部统一整合了宿舍，将原本的9个宿舍合并成了7个。本以为大家都比较熟悉了，可以相处融洽，没想到接二连三接到学生的投诉和求助，各种矛盾层出不穷。在处理矛盾时，我发现有部分女生一站到我面前，就先把对方的种种不是说出来，自己的问题基本不提；还有学生自己犯

错误了，一到我面前就显得委屈，指责其他人也犯错了，只是老师不知道；还有一些是好朋友之间闹矛盾，当众说一些伤害对方的话，毫不在意对方的感受……在和家长交流时，我发现这部分学生在家长面前也是如此，考虑问题常从自己的角度出发、为自己的利益考虑；有学生在家和父母基本不交流，一交流就有分歧，甚至产生矛盾。我觉得很有必要召开一次有关交流、沟通方面的班会课，让大家懂得沟通的重要性，更要懂得维系友情不是一朝一夕的事。女生心思细腻，同学间很容易因为一些细节造成误会产生矛盾，而且她们一年后就要走上实习岗位，从面试到实习、就业、创业都需要运用一定的沟通技巧，准幼儿教师们更是要学说话、会说话、说专业话。

【班级简介】

本班学生为中职二年级学前教育专业，清一色的女生。女生的优点是心思细腻，有班级荣誉感；但这个年龄段的女生有普遍的问题，那就是渴望与人交往，又不善于与他人沟通相处。具体表现在：①在班级里、宿舍内经常因为一点点生活琐事而闹矛盾，轻则吵吵闹闹，重则动手推搡；②和同学产生矛盾后不懂得换位思考，认识不到自己的问题。还有不到一年的时间，她们即将走上实习岗位，从面试到实习、就业、创业都需要运用一定的沟通技巧。

【班会目的】

（1）认识沟通在人际交往中的重要性。

（2）通过活动，学会沟通的技巧，体会不同的沟通方式带来的不同体验和感受。

（3）在人际交往中，能够主动交流，换位思考，与人为善，善于倾听，并将恰当的技巧合理运用于日常生活中。

【活动准备】

1. 教师

（1）收集相关案例等素材，确定表演情景剧的人选。

（2）下载背景音乐，制作PPT。

2. 学生

（1）确定自己的角色并排练。

（2）准备关于沟通方面的发言材料。

（3）准备情景剧所需的道具。

【班会流程】

课前播放背景音乐，营造轻松愉悦的氛围。教师介绍班会形式：以班级学生表演情景剧的形式讨论关于人际交往的相关问题。

角色：

班长——模仿地方电视台记者“帮女郎”，帮助大家解决各类问题。

班主任与班长一起主持班会。

环节一：不善表达造误会（10分钟）

“帮女郎”（上场）：“帮女郎帮你忙”，大家好，我是本期的“帮女郎”。最近接到我们学校一位同学的求助电话，说原本和她形影不离的同学突然不理她了，让她很是烦恼。现在，我们就去找双方当事人，看看到底发生了什么。

求助人（以下简称小红）（上场）（表情苦恼）：唉，最近有点烦啊，一想到我的好朋友不理我了，就难受得饭都吃不下了！

“帮女郎”（旁白）：让我们一起回到事发现场。

情景剧一：

（小红和她的朋友小兰上场）

内容简介：

在《儿童故事讲述》课上，轮到小兰上台当幼儿园老师，给台下的小朋友讲故事。在一个互动环节中，小兰提出了一个问题，但是下面没有一个小朋友参与互动，这时小兰把目光投向了小红，小红却低下头回避了小兰求助的目光。

“帮女郎”（上场）：让我来讲一个《老夫妻吃鱼》的故事吧。

电子屏幕展示故事内容：

有一对夫妻，他们每次吃鱼的时候，丈夫都把鱼头给妻子吃，自己吃鱼身，这样吃了几十年。过完金婚，有一天吃鱼的时候，丈夫照旧把鱼头分给了妻子，自己吃鱼身。妻子终于忍不住说：“我能吃一次鱼身吗？我都吃了几十年鱼头了。”丈夫很吃惊地说：“从结婚的时候你就说你最喜欢吃鱼头，这几十年来，我都是把鱼头给你吃，我也好想吃鱼头啊。”妻子说：“我当初是觉得鱼身最好吃，找个借口把鱼身让给你吃呀！但你就让我吃了几十年的鱼头。”

“帮女郎”：这个故事大家可能听过，妻子因为没有直接、主动地说出自己喜欢吃鱼身的话，让丈夫产生了误解，导致妻子吃了一辈子不喜欢吃的鱼头。所以，主动表达自己的想法非常重要。同理，求助人小红和她的好朋友小兰产生误会的原因也是沟通出了问题，那么到底是什么问题？

学生1：在小兰需要小红帮忙的时候，小红却避开了小兰求助的眼神，让台上的小兰很尴尬。大家都知道她俩是好朋友，可能会在小兰面前议论这件事，让小兰彻底对小红生气了。

学生2：其实小红可能不是故意躲避的，也不是故意让台上的小兰出丑，她可能就是不会回答这个问题，怕站起来回答错了被大家取笑。有的同学很爱面子的，其实就是没自信，我觉得小红可能就是这样的人。小兰站在台上，底下的同学都不配合互动，本来已经很难受了，求助好朋友小红却没得到回应，就更生气了。

学生3：都说女孩子的友情很神奇，有时候互称“闺密”，衣服鞋子都是同款，但有时候一点点小事就会闹矛盾，这可能就是“塑料姐妹情”吧！

小兰：小红上台当老师时，我是最积极参与的一个。但是轮到我上台的那节课，小红却一点也不配合我，那时候真的觉得很尴尬，就觉得她根本没有把我当好朋友。

“帮女郎”：那么，小红为什么不配合呢？为什么让好朋友失望呢？

小红：唉，我平时不怎么爱说话，也不太会说话，人多的时候基本不敢表达自己，上课不敢举手发言，生怕回答错了。我当时觉得小兰是了解我的，知道我的性格的，没想到她还是对我产生了误解。

“帮女郎”：原来如此。果然是沟通出现了问题。我想问问各位同学，到底什么样的人才是真正的朋友？

学生4：好朋友就是在你最需要的时候，主动上前帮忙。

学生5：好朋友必须坦诚、善解人意，值得信赖。

学生6：我认为真正的好朋友应该是不自私、不嫉妒对方，不仅能鼓励对方，也能直接指出对方的缺点，有一种“良师益友”的感觉。

“帮女郎”：我们一起总结“朋友”的特质，那就是真诚、信任、友善，懂得换位思考，愿意付出，宽容大度，讲义气，能够彼此督促。那么，小兰现在能够原谅小红了吗?

小兰：话说开了，我就明白了。小红平时确实不爱说话，是我误会她了。

小红：我做得也不好。不善表达还可能会在学习乃至以后的实习就业时产生更多的问题和矛盾。我要努力改正，以后一定要多说话，多表达。

环节二：时机不当惹人烦（10分钟）

三个女生（上场）。

小冰：你们有没有发现最近小红话特别多，上课讲，下课也讲，就连宿舍查房也忍不住找我们说话。

小雪：是的，她上课老是回头问我问题，虽然问问题是好事，但是上课老回头，老师总以为我们在聊天，我已经提醒她两次了。

小雨：关键是宿舍查房、晚自习讲话班级会被扣分，我们宿舍这个月被扣了好几分，都是查房时讲话惹的祸。

小红（上场）：唉，我按上次说的，多找同学说话，多主动与同学交流，可我总是一激动就控制不住自己。经常被同学制止，老是被班干部点名批评，现在连宿舍的人都不爱搭理我了。我为了和宿舍同学保持友好关系，还给她们发过微信红包，她们过生日我也送了礼物，我还要怎么做，她们才会喜欢我呢?

“帮女郎”（上场）：小红，你能够主动找别人沟通交流是好事，也是进步，但是场合不对、方式不对，同样会引起麻烦。你发微信红包、送礼物其实是为了表达友好的态度，想让她们不排挤你，但是这世界上有一些东西是物质和金钱换不来的，比如友情。让我们采访一下同学们，看看她们怎么说。（面向全体）如果你的室友是小红，她给你发微信红包，你就会和她更亲近吗?

学生7：不会，我和同学交往也不是冲着几个微信红包。聊得来、有共同爱好就在一起玩，聊不来也不是几个微信红包就能拉近关系的。

“帮女郎”：如果她一次给你转几十甚至上百元的微信红包，你对她的态度会变化吗?

学生8：首先，她转出来的微信红包不是她的钱，是她父母给她的生活费。我们的生活费基本都是固定的，如果金额较大的话，我肯定不敢收，即使收了我也会想办法还给她。

“帮女郎”：你认为如何处理她们宿舍的问题?

学生9：其实小红本质并不坏，只是不会交流、不会沟通！她在别人认真听课的时候问问题，在别人想安静上自习、等待查房的时候找人说话，虽然她是想表达自己的好学、亲切和友好的态度，但是在不恰当的时候会引起别人的误会和反感，甚至对集体造成了不良的影响。

环节三：换位思考解矛盾（15分钟）

“帮女郎”：让我们再观看一幕情景剧。

小黄和小华是同桌。一个是大嗓门的假小子，一个是性格内敛的小女生。声乐课上，老师让大家自由练习。小黄因为自己专业不错，非常大方地练习起来，时不时还调皮地在同桌小华耳边练唱。小华烦躁地提醒她不要打扰自己。小黄大嚷着：“我唱的就是比你好听，有本事你给大家唱一个？”小华的脸唰地红了。课间时，两人一进一出，在教室门口撞了一下。

表演在这里暂停。

“帮女郎”同学们现在来说说，接下来她们会有怎样的反应？不同的反应会带来什么样的结局?

学生10：谁也不让谁，带着上课时的情绪，你一句我一句，最后可能就打起来了呗。

学生11：也有可能。但是如果其中一人主动退让，这事也就结束了。

“帮女郎”：好，那我们先按第一位同学说的情况来表演，看看结局如何。

小黄和小华继续表演，互不相让，竟在教室里撕扯起来，最后被班干部拉开。

“帮女郎”：还有一种可能，我们再来看看小黄和小华是如何处理的。

小黄和小华表演另一种情况，大大咧咧的“假小子”小黄退了一步，还帮小华揉揉被撞疼的地方，小华被她逗笑了。

班主任：感谢几位同学的精彩演出！这样的情景大家都不陌生，相似的情景几乎天天都在上演。根据刚才的表演，我们汇总一下事件的不同进程和结局：

（展示课件）

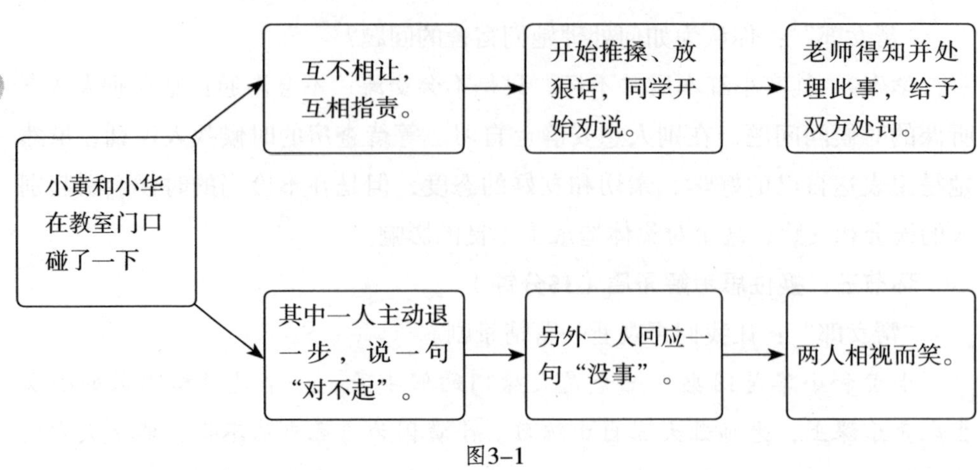

图3-1

班主任：不同的处理方式会使事情向不同的方向发展，我们在平时和同学的相处过程中，应该更加冷静和理智。下面，我们请“帮女郎”继续下面的环节。

“帮女郎”：通过老师的讲解，我们明白了同样一件事，处理的方式不同，结局就会完全不一样。同学们，在平常的生活中，不论在教室里还是在宿舍里，类似的事情很多，几乎每天都在发生，请大家讲讲当时的情况和处理的办法。

学生12：刚开学的时候，我对校纪校规没那么熟悉，放学后我在教室里给手机充电，当时卫生委员看见了就制止我，不让我充电。我当时很生气，她还是我好朋友呢，都放学了，也没人看见，我就充一会儿也不行吗？我就冲着卫生委员喊了起来，我俩吵了几句，卫生委员最后生气地走了。晚上，卫生委员主动找我聊天，和我沟通，我俩又和好了。其实，那次是我的错，只是我碍于面子不愿意承认错误和主动示好。

班主任：你能认识到自己的错误，这就是进步。好朋友就应该互相督促提醒，“忠言逆耳利于行”。卫生委员公私分明，没有因为和你关系好就纵容你，很有班级荣誉感，值得表扬。很多时候，事情起因很小，甚至过后回想起来会觉得“很可笑”，但很多同学往往选择激化矛盾的方式去处理，最后“两败俱伤”。总是能为别人设想，也总能退一步思考的人，不但能用言语帮助别人，也能用这种方式帮助自己——帮助自己正面思考问题，化解人生的烦恼。

小红：我明白了，我平时说话不太注意，只顾自己高兴，没顾及别人的感受，难怪同学们都不爱搭理我了。我以后一定注意说话语气、方式和场合，换位思考。

“帮女郎”：对，与同学交流沟通时，一定要学会换位思考，不要为了自己的高兴和面子，伤了别人的自尊心。会说话的人，总用言语肯定别人、关怀别人，会使自己看得开、看得远，也会交到更多的朋友，活得更快乐。

环节四：少说多听收获广（10分钟）

“帮女郎”：有这样一件事，有一天，班长以班主任的名义给某个同学安排了一个紧急任务。大家想一想，这个同学会有什么样的反应？

学生：可能会欣然接受，也可能不想接受，要结合这个同学平时的表现和能力。

“帮女郎”：没错。这个同学可能有以下两种想法：一是班长为什么把这么紧急的任务安排给我？他肯定是觉得我有这能力，我要做好这件事；二是我平时表现又不怎么样，上次自习课班长点我名我没服管，他这次把这么紧急的事情交给我，肯定是想看我出丑，趁机打击报复我。如果这位同学不等班长把话说完就立刻拒绝，那可能就是第二种结局，矛盾可能会随时发生。但是，如果这位同学耐心听完班长解释了把这件事交给他的原因，可能就是第一种结局——完成了任务，拉近了关系，消除了隔阂和误解。所以，耐心倾听很重要。

小红：没错！我们三年级就会走上实习岗位，成为一名准幼儿教师。如果我们在给小朋友上课时，只顾自己的想法，长篇大论地讲解，小朋友只会瞪大眼睛看着我们，不知道怎么回答了。

“帮女郎”：心理学家统计出了一个奇怪的现象，许多由爱讲话的父母带大的幼儿，不但学话不比别的幼儿快，还可能慢得多。为什么？因为当那孩子才把头转向水杯时，大人已经把水杯送到嘴边了；当孩子才看一眼玩具时，玩具已经送到手边了。神通广大的大人观察入微，哪里还需要幼儿开口说话？他不用说就有了，怎么可能很快地学会说话？深一层想，作为幼儿教师，培养孩子的说话能力也是如此。所以，在我们说话前，要学会怎么听对方说话，这就是“少说多听”！

“帮女郎”：小红，这下你知道该如何与同学相处了吗？

小红：嗯，我明白了。我不但要适时多说，还要懂得多听，这不仅是能力，更是一种素养。既表示了对别人的尊重，也尊重了自己。

“帮女郎”总结：经过大家的共同努力，小红终于明白了沟通交流的重要性，学会了方式方法，要主动交流，也要换位思考，要与人为善，还要善于倾听……相信在今后的生活中，她一定能收获更多的友谊。

教师小结：语言，是我们的第二张身份证；沟通，是成功的源泉之一。学会说话，懂得沟通，善于倾听，友情就会悄悄走近我们身边。今天的班会课非常精彩，从同学们自编自导自演的情景剧中，我看到了大家对这个问题的思考，也感受到了大家沟通方式的改变。让我们从现在开始，站在对方的角度考虑问题，从对方的角度寻找共同的话题，交流知识，我相信我们班一定会变得越来越团结友爱。

【课后拓展】

（1）每位同学完成普通话课程中，命题说话的话题《我的朋友》。

（2）每位同学总结沟通交流的技巧，以截图方式分享到班级QQ群。

【班会总结】

本节课凸显了学前教育学生的专业特色，自编自导自演的情景剧表演参与者众多，学生在编排前，广泛收集了班级同学间沟通的真实事件。整节班会课以学生为主体，“帮女郎”和小红贯穿班会课始终，由小红的困惑烦恼引出了学生不善沟通、不会沟通的原因，在案例分析和同学们的讨论中找到合适的沟通技巧。这种新颖的方式打破了传统班会课班主任说教的方式，让学生更易接受，也锻炼了准幼儿教师的胆量和口头表达能力。

4

第四篇

继承传统节日
保护传统文化

走进重阳承传统　孝敬老人铸美德

一、总体设计

1. 活动背景

（1）根据《中等职业学校德育大纲》要求，校园文化具有重要的育人功能，学校要结合开学及毕业典礼、升旗仪式、成人仪式、入党入团仪式以及民族传统节日、重要节庆日、纪念日等，开展礼节礼仪教育。目前，中国处在一个复杂多变的国际环境中，面对西方发达国家对我国的“文化渗透”，中华儿女更应该正确理解传统节日文化的内涵及其时代价值。

（2）加强传统节日文化教育，不仅可以提高学生对传统文化的认同感，还可以培养学生的爱国主义情怀，坚定学生实现中国梦的理想信念。为了激发道路自信、理论自信、文化自信，学校开展了传统节日主题教育系列活动。

2. 班情分析

本班学生为机电一体化应用专业高职三年级学生，班级35位同学均为男生，他们对传统节日的内涵了解不深，传统观念淡薄，平常和父母、长辈的交流较少，存在不体谅父母、不关心父母的现象。针对这种现象，我选取了中国传统节日——重阳节作为班会主题，在引导学生了解重阳节蕴含的民族文化内涵的同时，积极改变现状，引导学生感恩父母、孝敬长辈，学会与父母、长辈沟通交流。

3. 教育目标

（1）认知目标：了解重阳节的来源、习俗。

（2）情感目标：感受重阳节的意义和历史积淀，增强对传统节日的认同感。

（3）行动目标：发扬“孝道”与“感恩”精神，以努力学习回报父母、长辈。

4. 活动方法

故事启迪法、小组讨论法、情感体验法。

5. 设计思路

依次设计了“了解习俗，承传统——感受情感，润心灵——榜样引领，知反哺——付诸行动，铸美德”四个环节，层层递进，引导学生感受传统节日的魅力并进行自我教育，学会感恩并将其落实到日常行动中。

二、活动准备

（1）教师：制作PPT，准备2则故事的视频资料。

（2）学生：设计板报，排练小品，准备配乐诗朗诵。

（3）师生共同准备：环境布置，营造氛围。

三、实施过程

课间播放歌曲《九九重阳节》，以欢快的曲调营造愉悦的氛围。

环节一：了解习俗，承传统

活动一：读一读

朗诵《九月九日忆山东兄弟》，并根据古诗提问。

独在异乡为异客，每逢佳节倍思亲。

遥知兄弟登高处，遍插茱萸少一人。

教师提问：这首诗描写的是哪个节日？诗文中描写的节日有哪些习俗？关于这个节日的诗歌还有哪些？

学生明确：这首诗描写的是重阳佳节，习俗有登高、赏菊花、佩戴茱萸囊等。关于重阳节的诗歌还有《过故人庄》《采桑子·重阳》等。

活动二：赏一赏

师生观看短片《中国传统节日——重阳节》

视频内容：

相传在东汉时期，瘟疫让人民苦不堪言，九月九日这一天，恒景登山后，凭借一包茱萸叶、一瓶菊花酒、一把利剑征服了瘟疫。从此人们把登高避祸的习俗保留了下来，这一天就被定为“重阳节”。到了唐代，重阳被正式定为民间节日。每到这一天，人们出游赏秋、登高远眺、吃重阳糕、观赏菊花及饮菊花酒。1989年，我国将重阳节定为老人节，是尊老、爱老、敬老的节日。每到这一天，各地都要组织老年人登山秋游，锻炼身体，开阔视野，交流感情，培养人们回归自然、热爱祖国大好山河的高尚品德。

师生小结：重阳节是我国的传统节日，在这个节日里不仅意味登高赏秋、佩戴茱萸囊、吃重阳糕等习俗，还有一层含义是要尊老、敬老。

设计意图：通过熟悉的诗句引出主题，播放短片激发兴趣，吸引学生了解重阳节的来历、传说、习俗风情及关爱老人的文化内涵。

环节二：感受情感，润心灵

活动一：听一听

学生代表讲述“汶川大地震中体现母爱的故事”。

主要内容：

当抢救人员发现她的时候，她已经去世了。她被垮塌下来的房子压着，透过那一堆废墟的间隙可以看到她死亡的姿势，双膝跪着，整个上身向前匍匐着，双手扶着地支撑着身体，有些像古人行跪拜礼，只是身体被压得变了形，看上去有些诡异。人们小心翼翼地把挡着她的废墟清理开，在她的身体下面躺着她的孩子，包在一个红色带黄花的小被子里，大概有三四个月大，因为有母亲身体庇护着，他毫发未伤，抱出来的时候，还安静地睡着。他熟睡的脸庞让所有在场的人感到温暖。大灾难面前，母爱，创造了一个个看似不可能的奇迹。

教师引导学生谈感受。

师生小结：汶川地震中无私的妈妈，用自己的身躯、生命保护了孩子，创造了奇迹，展现了父母对子女无私的爱与奉献。

教师：这个故事让我们很感动。请大家认真想一想，这个世界上，能够用生命保护我们的，会是谁？

学生思考，发表看法。基本观点：能够用生命保护我们的，是至亲。

活动二：测一测

测试内容：你对父母了解多少？

（1）你知道父母的生日分别是哪一天？

（2）父母最喜欢的食物是什么？

（3）你是否会主动帮助父母做家务？

（4）你经常与父母聊天吗？

（5）你是否能够自觉节约生活费？

（6）在校期间你是否能够努力学习，报答父母？

学生反思：父母的爱是无私的，而同学们对于父母的了解、关心却是那么的少。

设计意图：通过母爱的故事让学生在感动中感受父母和长辈对自己的爱，通过测试内容引起学生反思，认识到自己对父母的关心不够。

环节三：榜样引领，知反哺

活动一：看一看

播放全国孝老爱亲模范——曹于亚的事迹。

主要内容：

曹于亚的父亲患尿毒症，由于没有肾源，她毅然决定用自己的肾救治父亲。手术成功了，但每个月4000多元的医药费让这个家庭难以承担。曹于亚“带父亲上学”回到校园，备战高考。每天放学后，她都要买菜、做饭，为父亲洗衣。

教师引导学生谈感受。

师生小结：也许我们并不会经历曹于亚那样艰辛的生活，但是乌鸦尚知反哺，父母渐渐老去，我们也应当做一些力所能及的事情回报父母。

活动二：诵一诵

教师深情朗诵《孩子，请听我说》

孩子！当你还很小的时候，我花了很多时间，

教你慢慢用勺子、用筷子吃东西；教你系鞋带，扣扣子，溜滑梯；

教你穿衣服，梳头发，擤鼻涕。

这些和你在一起的点点滴滴，是多么的令我怀念不已。

所以，当我想不起来，接不上话时，

请给我一点时间，等我一下，让我再想一想。

极有可能最后连要说什么，我也一并忘记。

孩子！你忘记我们练习了好几百回，才学会的第一首娃娃歌吗？

是否还记得每天总要我绞尽脑汁去回答不知道从哪里冒出来的“为什么”吗？

所以，我常常重复又重复地说着老掉牙的故事，哼着我孩提时代的儿歌。

体谅我，让我继续沉醉在这些回忆中吧！

切望你，也能陪着我闲话家常吧！

孩子，现在我常常忘了扣扣子，系鞋带，吃饭时，会弄脏衣服，

不要催促我，要对我多一点耐心和温柔，

只要与你在一起，就会有很多的温暖涌上心头

……

请学生渐渐跟读。

师生谈读后感。

达成共识：我们在长大，父母却在变老。父母需要的绝不仅仅是物质上的回馈，更需要我们精神上的关怀。

设计意图：感受到父母、长辈的爱的同时，认识到父母、长辈也在变老，我们也需要去关爱他们。引发同学们思考作为子女应当如何报答父母、长辈。

环节四：付诸行动，铸美德

活动一：做一做

教师：请大家集思广益，做一个关于重阳节的活动方案。

学生讨论，发言。

主要想法：重阳节当天自制一张贺卡送给爷爷奶奶或爸爸妈妈；给父母揉一揉肩、捶一捶背；帮父母做家务；写一篇孝亲作文；发挥专业特长，做一件机械工艺品（如烟灰缸、茶壶、象棋等）作为重阳节礼物送给爷爷奶奶或爸爸妈妈。

达成共识：应当用实际行动表达对父母、长辈的爱，努力学习专业技能，不辜负父母、长辈的恩情。

活动二：完善重阳节活动方案

表4-1

重阳节活动方案（“六个一”活动）	
活动一	自制一张重阳节贺卡
活动二	为父母或爷爷奶奶讲一个故事或唱一首歌
活动三	帮父母或爷爷奶奶揉一揉肩、捶一捶背
活动四	帮父母或爷爷奶奶做家务
活动五	写一篇孝亲作文
活动六	做一件机械工艺品（如烟灰缸、茶壶、象棋等）作为重阳节礼物

设计意图：通过活动方案设计，将班会主题进一步升华，并与学生所学的专业技能相结合，体现职教特色。将学生对老人的孝心转化为平时专业学

习的动力，以实际行动展示自己的孝行。

四、拓展延伸

（1）汇报“六个一”活动完成情况，在班级公众号展示同学们做的重阳节贺卡及重阳节和父母过节的照片、视频等。

（2）举办重阳诗会，通过诵读经典诗歌，感受传统文化的韵味美。

五、活动总结

通过本次主题班会，同学们能够了解重阳节这个传统节日的习俗和内涵，并上升到要孝敬父母、长辈，并将这种意识付诸行动，用勤奋学习来报答父母的养育之恩。

思维碰撞品差异　传承节日勇担当

一、总体构想

1. 教育背景

（1）《关于实施中华优秀传统文化传承发展工程的意见》明确提出，实施中国传统节日振兴工程，丰富春节、元宵节等传统节日文化内涵，形成新的节日习俗。因此，学校要弘扬中华优秀传统文化，传承民族精神，让学生感受到中华传统节日的魅力。

（2）圣诞节、万圣节等西方节日越来越受青少年的喜爱，中华传统节日反而日渐式微；社会上许多商家借着洋节的名头大力吹捧炒作，对青少年造成了不良影响。

2. 班情分析

本次班会面向所带班级的全体学生。本班为中职一年级音乐表演专业。学生活泼开朗，有表演特长，但是辨识能力不强，容易盲目跟风。对于过传统节日还是西方节日的问题，班级里有不少学生表示更喜欢过西方节日，也有不少学生觉得自己已经长大，对节日没感觉，过不过节都行。

3. 教育目标

（1）促进学生对中华传统节日的认识，从多角度发现传统节日的魅力所在，提高学生的审美能力。

（2）通过活动，引导学生领略传统节日的魅力，并对其产生浓厚的兴趣。

（3）增强学生的爱国情感和保护传统节日的意识。

4. 教育方法

辩论讨论法、情感体验法、合作探究法、交流感悟法。

5. 设计思路

以“体验节日乐趣，探索文化内涵”为主线，通过讨论、竞赛和展示等活动了解中华传统节日的内涵和魅力。分别从“游戏互动感知节日——中西对比品味差异——传统再现焕发魅力——节日传承舍我其谁”四个板块开展主题教育活动。

二、活动准备

1. 教师

收集资料，准备课件。

2. 学生

分组，准备发言材料。

三、实施过程

导入：利用多媒体播放歌曲《节日欢歌》，营造欢快的节日氛围。

设计意图：通过欢快的歌曲，营造轻松愉快的氛围，导入本次活动主题。

环节一：游戏互动感知节日

活动一：中西节日大比拼

（1）教师宣布游戏规则。

“中西节日大比拼”游戏规则：以组为单位计分，各组尽可能多地说出你所知道的中西方节日。

评分标准：说出一个节日计1分，说出节日和时间计2分，说出节日、时间和过节方式计3分。

（2）小组按照游戏规则进行比拼。

设计意图：通过互动活动，让学生在轻松的游戏中明确中西方的主要传统节日。

活动二：节日名称竞猜赛

（1）教师通过PPT出示图片、灯谜等让学生竞猜。游戏规则：以组为单位计分，各组进行抢答。评分标准：每答对一题得1分。

（2）小组抢答，评委组进行分数统计。

设计意图：通过游戏方式，学生了解到更多的节日活动，能够进一步了解中华传统文化，感受其魅力。

环节二：中西对比品味差异

活动一：节日对比品差异

（1）引导思考。

教师：请大家将中西方常见的节日进行对比，看看它们都有哪些不同点？

学生分组，每组选择一组中西节日进行对比交流，从不同角度分析。例如，将春节与圣诞节对比，七夕节与情人节对比等。

（2）总结差异。

师生共同总结归纳：

① 中西节日的起源与形成有差异。中国传统节日具有浓厚的农业色彩，而西方节日具有浓厚的宗教色彩。

② 中西节日的庆祝方式有差异。中国传统节日多以家庭为单位进行庆祝，而西方节日更多是集体性庆祝。

③ 中西节日的饮食方式有差异。中国传统节日饮食讲究色香味俱全，趋于感性，而西方饮食更倾向于理性，重视营养搭配，体现效率。

④ 中西节日的礼仪方式有差异。中国传统节日大多体现互相尊重、礼让等，而西方节日则强调自由随性。

活动二：理性分析寻原因

（1）观看访谈视频：圣诞节前夕，记者采访市民“更喜欢过中国传统节日还是‘洋节’”。

学生观看视频，了解社会上人们更喜欢过中国传统节日还是西方节日的情况，以及喜欢的原因。

（2）教师提问：青少年更喜欢过中国传统节日还是西方节日？你喜欢过

什么节日？为什么喜欢？

学生思考并表达自己的观点。

明确：现在一部分学生对西方节日的兴趣很浓厚，对中国传统节日并不是很在意；也有一部分学生相反，更加青睐中国传统节日。

师生共同分析总结，喜欢过西方节日的主要原因：

① 西方节日活动形式丰富多样，娱乐性较强。比如，当下青少年都喜欢过平安夜和圣诞节，在这时他们互相赠送苹果，互送礼物，还有圣诞老人、圣诞树，以及庆祝活动，这样的异域风情给他们带来了不一样的感受。

② 社会上大量商家对西方节日的热烈宣传和促销，营造出的热闹氛围非常吸引人。

③ 崇洋媚外的心理因素，总觉得西方的月亮就是圆。青少年对新鲜事物的好奇，感觉过西方节日才是最流行最时髦的。与之相比，中华传统节日就略显土气，不能彰显他们年少独特的个性。

设计意图：在对比中明确中西方节日的各种差异，在讨论中剖析过西方节日的主要原因，明确内涵、寻根溯源。

环节三：传统再现焕发魅力

活动一：神话传说现渊源

（1）播放视频：教师播放有关中国传统节日来历的神话传说视频。

（2）引导学生总结传统节日的来历。

（3）学生表演相声《话节日》。

活动二：习俗特色引兴趣

（1）小组“秀”习俗：各小组根据课前收集的资料，通过各种形式上台展示不同传统节日的习俗。比如，传统节日春节的习俗有熬年守岁、放鞭炮、贴春联、挂年画、耍龙灯、舞狮子、拜年贺喜等；元宵节的习俗有赏灯花、包汤圆、闹年鼓、猜灯谜等；中秋节的习俗有赏月、祭月、观潮、吃月饼等。

（2）组织学生投票，选出最受欢迎的节日习俗。

（3）颁发奖品。（有传统节日特征最好）

设计意图：通过活动，学生了解到中国传统节日的来历、习俗，加深对中华传统文化的了解，并从中感受到节日的魅力。多姿多彩的活动唤回学生对传统节日的喜爱，激发学生重拾对传统节日的兴趣。

环节四：节日传承舍我其谁

活动一：改变局面寻方法

（1）思考：时代发展，我国传统节日过节的气氛变淡了，我们应该怎么做才能改变这种现状呢？

（2）学生共同探讨，集思广益。

达成共识：

① 加强传统节日文化内涵宣传。

宣传传统节日的故事，用通俗易懂的形式推广，分享更多节日习俗的活动乐趣，让人们感受到传统节日浓郁的文化内涵。

② 增加传统节日互动活动。

传统节日原本就有很多有意义的活动，但是有些活动形式互动性不强，应该提高活动的参与性。在节日期间多增加一些互动性强的活动，紧跟时代潮流。

③ 营造浓厚的节日氛围。

营造轻松愉快的过节氛围，组织一些大型的庆祝活动，丰富节日的娱乐形式，让人感受到传统节日文化的热闹欢乐，享受节日带来的喜悦。

活动二：节日歌曲齐传唱

（1）教师提问：以中华传统节日为主题的歌曲有很多，如春节的《难忘今宵》、元宵节的《卖汤圆》等。你最喜欢哪首节日歌曲？说说你喜欢的理由。

（2）小组交流讨论，选出最受小组喜爱的节日歌曲，并推荐一名代表上台演唱。

（3）教师引导小组投票，选出最受欢迎的节日歌曲。

活动三：教师总结

我们要正确认识中国传统节日与西方节日的区别，深入了解我国传统节日的来历、内涵等。我们要肩负起传承和弘扬中华传统节日的责任，希望在我们的共同努力下，将中华传统节日发扬光大！

活动四：欣赏节日快板

打竹板，响连天。各位老师、同学听我言：
中华文化渊源长，博大精深代代传。
经典诗词传千年，人人诵读记心间。

传统节日要保护，继承发扬新形式。
重任交给青少年，焕发青春活力足。
二月二日春龙节，推动春犁鞭耕牛。
三月三日桃花浴，桃花盛开洗温泉。
四月五日清明节，踏青赏春吃寒食。
五月初五端午节，龙舟竞赛粽子香。
七月七日七夕节，祈福乞巧鹊桥会。
八月十五中秋节，阖家团圆赏桂花。
九月九日重阳节，登高赏菊插茱萸。
腊月初八法宝节，喝完腊八要过年。
腊月廿三送灶王，扫年祭灶贴灶神。
腊月三十迎除夕，守岁辞旧到初一。
传承中华传统节，弘扬爱国正能量。
感受传统多样性，变革创新融理念。
中国人过中国节，凝聚精神永长存。

设计意图：通过讨论和展示，体会中国传统节日的重要性，意识到自己有责任也有义务让中国传统节日继续传承下去。

四、课后拓展

（1）征集班级宣传中华传统节日方案。

（2）开展宣传中华传统节日推广评比活动。

（3）编写节日对联、灯谜，撰写节日故事。

五、活动总结

通过此次班会活动的开展，学生意识到了传统节日是我们民族文化的瑰宝。每个民族都有属于自己的节日，这是一个民族凝聚力的体现。作为中华少年，应该传承中华优秀文化，肩负起弘扬中华传统节日的责任，增强民族文化自信，形成良好的道德品质，并能理性对待西方节日。

平凡孕育伟大　劳动创造快乐

一、总体构想

1. 教育背景

（1）根据《中等职业学校德育大纲》要求，要树立热爱劳动、崇尚实践、奉献社会的观念。学校要结合重要节庆日开展礼节礼仪教育、行业劳动教育等，培育和弘扬劳动光荣、创造伟大的时代风尚。《中等职业学校学生公约》中要求学生“爱劳动，图自强”。但是，在实际生活中，家庭教育和社会风气等多方面因素导致很多学生缺乏劳动意识，不尊重他人劳动成果。

（2）2020年3月20日，中共中央、国务院发布《关于全面加强新时代大中小学劳动教育的意见》，指出劳动教育是中国特色社会主义教育制度的重要内容，直接决定社会主义建设者和接班人的劳动精神面貌、劳动价值取向和劳动技能水平。近年来，一些青少年出现了不珍惜劳动成果、不想劳动、不会劳动的现象，劳动的独特育人价值在一定程度上被忽视，劳动教育正被淡化、弱化。对此，必须高度重视，采取有效措施切实加强劳动教育。

（3）依据《中等职业学校德育大纲》要求，本人所在学校比较注重学生的劳动教育，制定详细的规章制度定期对学生劳动成果进行评比和表彰，各系部都成立了“卫生部”，全体教师尤其是班主任教育和督促所有学生从自己做起、从小处做起，尊重劳动，弘扬劳动光荣的时代风尚。

2. 班情分析

本次班会面向所带班级的全体学生。本班为中职一年级学前教育专业，全是女生。关于“尊重劳动，热爱劳动”的问题，传统观念认为女孩子都比较勤劳，热爱劳动。但是，从军训的表现就可以看出，很多同学自理能力较差，不能保质保量地完成类似打扫教室、整理宿舍等最基本的劳动任务，更有家长私下反馈孩子在家里根本不劳动，缺乏劳动能力。主要存在的问题：

（1）从小生活在父母身边，大小事由父母代办，家务从来不做；来到中职学校过集体生活，无意识也不知道如何保持宿舍的整洁和卫生。

（2）自己不劳动，也不懂得尊重他人劳动成果，在教室、宿舍和校园内随地乱扔垃圾。

（3）对老师和班干安排的劳动任务只是应付了事，对劳动质量没有高要求；集体劳动时找借口躲避，不愿付出劳动。

3. 教育目标

（1）了解五一国际劳动节的由来和各国习俗。

（2）通过讨论和案例分析，理解在享受别人劳动成果的同时也要主动付出劳动，能够在集体生活中热爱劳动、主动劳动。

（3）通过美化教室环境，体验劳动带来的愉悦，懂得劳动创造快乐，树立劳动最光荣、劳动最崇高、劳动最伟大、劳动最美丽、劳动创造美好生活的观念，培养勤俭、奋斗、创新、奉献的劳动精神。

4. 教育方法

榜样示范法、明理激情法、思辨探讨法、案例分析法。

5. 设计思路

以“尊重劳动，热爱劳动”为主线，通过体验、讨论和分享等活动来领悟平凡的劳动孕育着伟大并能创造快乐。共分为“伟大的节日——快乐的劳动——身边的榜样——共享的成果”四个板块，结合专业特色，开展主题教育活动。

二、活动准备

1. 教师

准备音乐、图片等班会课素材。

2. 学生

课前了解有关劳动节的知识；准备好美化教室的纸张材料，便于快速张贴。

三、实施过程

导入：播放儿童歌曲《劳动最光荣》，用欢快熟悉的旋律营造氛围，吸引学生注意力，组织大家齐唱。

设计意图：《劳动最光荣》是我们非常熟悉的一首歌，它以儿歌的形式演唱，符合学前教育学生的专业特色，并以此渲染教育氛围，激发兴趣。

环节一：伟大的节日（10分钟）

活动一：观看视频

教师：下周我们将迎来一个国际节日，是什么？

学生齐答：五一劳动节。

教师：准确地说，是五一国际劳动节。哪位同学给我们介绍一下这个节日？

学生利用课前收集的资料自由发言。

教师播放动画视频《国际劳动节的来历》，让学生带着问题观看：劳动节是怎么来的？源自哪里？从哪一年开始将每年的五月一日定为国际劳动节？看了视频，有什么感受？

学生观看，思考，发言。

总结学生的感受：劳动人民很伟大，我们现在的假日也是劳动人民争取来的。所以我们要尊重所有的劳动人民，并像他们一样用自己的双手创造幸福生活。

活动二：了解节日习俗

教师提问：国际劳动节是全世界劳动者的节日，但是现在，并不是所有的国家都将5月1日定为劳动节。各国庆祝的方式也各不相同。有的同学已经收集了相关资料，能不能和大家分享一下？

学生自由发言。

教师播放微视频《劳动节的习俗有哪些》。

知识补充：我们国家是在1949年12月将5月1日定为法定的劳动节，全国放假一天；俄罗斯是以游行、集会、娱乐的方式度过，全国放假一天；日本的劳动节逢“黄金周”，最长的假日达11天。

设计意图：通过资料分享与视频观看，学生对劳动节的来历和习俗有更深入的了解，认识我们今天的假日是劳动者争取来的。

环节二：快乐的劳动（10分钟）

活动一：访谈“卫生部”成员

（1）现场采访加入学校、系部“卫生部”的同学：你当时竞聘“卫生部”的原因是什么？通过“卫生部”的工作，你对“劳动”有没有新的认识？

（2）“卫生部”同学畅谈感受。

（3）提取关键词：锻炼自己，为校园环境出份力，克服自己的懒惰思想，为班级争光，保持环境整洁需要大家共同努力和维护……

活动二：浏览现实图片

床铺和地面脏乱的学生宿舍。

散落着饮料瓶和零食包装袋的教学楼楼梯。

地面有污渍和桌椅乱摆的教室。

布满瓜子壳的塑胶操场。

飘着各色塑料袋的校园道路。

教师随机采访同学：你在这些地方随手扔过垃圾吗？你见过周围的同学乱扔垃圾吗？你对这种行为怎样评价？

学生交流讨论，自由发言。

教师引导：大家想一想，如果我们班的每一位同学都能保质保量、按时完成打扫宿舍和教室卫生的工作，那我们的教室和宿舍会是什么样的？我们坐在教室里、置身宿舍时的心情如何？

明确：①乱扔垃圾破坏了他人的劳动成果，是可耻的行为。②人人做好卫生工作，教室窗明几净，宿舍卫生整洁。③环境整洁，心情愉悦。④大家的卫生习惯保持一致，同学间也不会因为这些问题闹矛盾。

活动三：反思自我

教师：在我们班级，每天打扫教室和宿舍的任务重不重？一般要占据我们多少时间？

学生发言。

教师结合每个宿舍的实际情况，给予建议。

达成共识：不论大家打扫卫生的能力是强还是弱，我们都应该为班级、宿舍出力。来到中职校过集体生活，我们要培养和锻炼自己的自理能力，不依赖父母，自己的事情自己做。只有自己付出了劳动，才懂得珍惜他人的劳动成果，才知道父母劳动的不易。

教师小结：马克思主义认为，劳动造就人，劳动定义人，劳动让人与动物产生本质的区别，从人之为人的角度分析，劳动就是人的本质属性，也是对社会主义接班人的本质要求。劳动不仅能培养劳动技能，更能树立劳动精神。崇尚劳动、尊重劳动、热爱劳动，让每个人的人生价值在劳动中得到体现与实现。劳动即教育，它可以促进我们德智体美协同发展。会劳动的人往往也是会学习的人，我们要明确树立“劳动最光荣、劳动最崇高、劳动最伟大、劳动最美丽”的劳动审美观，真正做到全面发展。

设计意图：通过师生互动、访谈，启发全班学生热爱劳动、尊重劳动、珍惜他人劳动成果。

环节三：身边的榜样（15分钟）

活动一：看新闻，听故事

案例一：

为孩子建造一座美丽的精神花园

刘恩和

被当地人尊称为“教育愚公”的刘恩和老师初中毕业后在贵州省沿河土家族自治县后坪乡坚持教育工作30年，青丝白发间，他失去了健康，步履变得蹒跚，但他却为后坪乡的孩子们建造了一座美丽的精神花园。

当年，为了建一所小学，他率领乡亲从10多公里远的地方背来300多吨建筑材料，他本人背的建筑材料就有104吨，累计背了2000多公里，终于有了现在的茨坝小学。建校期间，他的脊背被压弯了，鞋子不知烂了几双，家徒四壁，没有一件像样的衣服，刘老师却毫不在意，他高兴的是孩子们终于有学上了。

1998年，刘恩和被授予“全国优秀教师”称号，2005年获“全国劳模”殊荣。他曾先后获得各级各类表彰20多项。

可天有不测风云，2007年，刘恩和患上了鼻咽癌，医生建议开刀治疗。为了不耽误学生的课业，他选择保守治疗，带着一大包药物回到茨坝小学继续教书。就这样，他又在三尺讲台上挺立了3个年头，直到并发症的出现让他不得不离开第一线。但刘老师一直心系孩子们，最后又被返聘当一名教育监督员。

敬业已融入他的血液，在担任监督员时，每一所学校多少学生、几个班级、几名教师，刘恩和说起来如数家珍。“我希望每一个学校都能把教学质量提升，把孩子们培养成才。”刘恩和想用自己的一点余温，温暖每一位孩子，用自己的一点余热，激发每一位山村教师的热情。

“我一定要用好好学习来报答刘老师！”就读茨坪小学五年级的学生田世朋说起刘老师，眼中热泪盈眶。他清楚地记得，有一次发高烧，刘老师背起他赶到乡里的医院，又把他背回家里。

近30年来，他先后资助400多名学生，自家却一贫如洗；为修通15公里进村公路，他率领乡亲们投工投劳，公路修通了，他却负债1万多元；他用获得的2万元奖金设立奖学金，奖励那些优秀的贫困学生。

案例二：

比父母还亲的老师

李振华

一件领口已磨破的16元蓝灰色长袖衬衣，他穿了四五年；5元一双的布鞋，要穿两年多，鞋跟破了才舍得扔；一日三餐是玉米糊和南瓜，一两周才吃一次肉……无法想象，这是一位有着7000多元退休金并享受国务院特殊津贴待遇的校长的日常生活。

然而，现实生活中的李振华，过的就是如此清贫的日子——除去每月留下500元的生活费，他把所有的收入都捐献给了需要帮助的寒门学子，62载如一日。

李振华是淄博市沂源县实验中学原校长，17岁那年，他背井离乡，从南京只身来到沂蒙老区支教。62年来，李振华共捐出96.2万元，先后资助了2000多名学生，教育学生10000多名，他转化的后进生也不计其数。也正是因此，他曾8次进京接受党和国家领导人的接见，先后获得市级以上荣誉86项。

一位“比自己父母还亲”的人，李振华的学生这样评价他。他的谆谆教导、为学生做出的牺牲，都印刻在了学生的脑海里，并影响着学生的言行。

“洒向学生全是爱”，是李振华在城关二中提出的口号，也是他一直脚踏实地在做的事。

活动二：案例分析

教师提问：通过上面的榜样故事，请同学们思考，作为准教师，从他们身上学到了哪些精神？受到了哪些启发？

学生思考，各抒已见。

教师小结：刘恩和和李振华是平凡的人民教师，但他们又是不平凡的，在教师这个职业中，他们用自己的实际行动成为全国劳模教师，是我们学习的榜样。

活动三：反思自我

教师：在劳模教师身上，我们看到了师爱，这是一种情感，一种责任，一种奉献。而我们很多同学缺乏的就是责任心和奉献精神。听了劳模教师的事迹，结合自己的平时表现，我们在集体生活中应当如何向劳模学习？

学生集体讨论。

教师正面引导：集体无小事。身为集体中的一员，必须要有奉献精神和责任担当。当个人利益同集体利益发生冲突时，应该以集体利益为重。同时，要想办法寻求帮助。事后，老师和班干共同商量，要让不愿付出劳动的同学、不把集体利益放在心里的同学受到教育，并通过其他正面的、积极的方式让他们付出更多的劳动。

设计意图：通过全国劳动模范的感人事例，结合同学们日常遇到的劳动困惑，让学生在讨论中明确自己的劳动责任，树立热爱劳动、珍惜劳动成果的观念。

环节四：共享的成果（10分钟）

活动一：回顾劳动瞬间

图片展示：集体劳动、专业课学习（手工、装饰画、衍纸、黏土制作等）、假期在家帮助父母做家务、参加校外志愿服务等内容。

教师：我们现在是学生，除了日常的打扫卫生外，认真学习各科知识和技能也是我们的劳动内容，我们应该在劳动中收获快乐，在劳动中感悟生活，在劳动中学会感恩。

活动二：评选“班级劳模”

请大家结合班级同学的平时表现，以无记名投票的方式选出班级劳动模范；今后，我们还会陆续评选出各类“劳动之星”“劳动进步奖”，对劳动优秀的同学进行表彰。

教师：除了评选“班级劳模”“劳动之星”外，我们还会结合大家的专业学习情况，评选“技能达人”“专业之星”，希望大家努力学习，争当先进。

教师总结：劳动是最普通、最平凡的行为，但它能孕育伟大，我们的幸福生活是各行各业的劳动者通过自己的双手创造出来的。我们应该尊重平凡的劳动，更应该珍惜通过劳动创造出来的美丽环境和安定生活。作为中职生的我们，在家要帮助父母做力所能及的家务劳动；在学校要坚持值日，参加校园劳动，积极参与校外劳动实践和社区志愿服务。劳动是中华民族的传统美德，全社会都很重视劳动，我们应该从现在开始，提升劳动素养，树立劳动精神，让劳动变成我们生活的需要、成长的需要，在劳动中受到最好的教育。

设计意图：评选班级劳动模范，激励大家向他们学习，争当模范；任务驱动，让学生增强集体荣誉感，参与到集体活动中，在劳动中收获快乐和友谊。

四、课后拓展

（1）制作“我劳动我快乐”手抄报。

（2）美化教室：将班级区域进行划分，每组同学负责一块区域的装饰，共享班级美化成果。

（3）组织班级手巧的同学，制作爱心坐垫，送给校内外的环卫工。

（4）邀请劳模进校园为同学们开设一次主题讲座。

五、活动总结

通过本次班会，学生深入了解了五一国际劳动节的由来和习俗；通过身边事、身边人的行动探讨，吸取教训，增强“热爱劳动也要珍惜他人劳动成果”的意识，改变不良卫生习惯，树立主动劳动、劳动最光荣的观念，同时要懂得珍惜他人劳动成果，共享劳动的快乐。

品米粽香　寻文化根　铸中华魂

一、总体构想

1. 教育背景

（1）中华优秀传统文化底蕴是我国文化自信的坚实基础，是最深厚的文化软实力，习近平总书记也曾在多个场合提到“要增强文化自信”。《中等职业学校德育大纲》亦提出要加强中华优秀传统文化教育。

（2）传统节日是中华优秀传统文化的重要载体。但近年来，外来节日文化受到青少年的青睐和追捧，对中华传统文化造成了一定的冲击。

（3）依据《德育大纲》要求，我校每逢民族传统节日、重要节庆日、纪念日等，都会开展特色鲜明的主题教育活动。以端午节为例，我校举办了端午主题手抄报比赛、与“最美夕阳红”社团联合包粽子慰问敬老院的老人、端午主题诗歌朗诵等特色鲜明的活动，深受学生欢迎。

2. 班情分析

本次班会授课对象为中职二年级中药专业的学生。他们会在端午节当天吃粽子、系彩线，部分女生还会身着汉服展示独特的传统文化魅力。大家对这个端午节普遍比较期待。但是他们对节日的理解流于形式，忽略了端午节蕴含的深厚的文化内涵和家国情怀，对大江南北迥异的习俗也知之甚少。适值端午节即将到来之际，班主任拟通过端午主题班会活动，引导学生探寻端午文化根源，树立文化自信和报国志向。

3. 教育目标

（1）了解端午节的来历和风俗习惯，理解端午节的文化内涵。

（2）感受端午节的美感，激发学生的爱国热情和民族自豪感。

（3）提升文化自信，保护优秀传统文化。

4. 教育方法

角色扮演法、明理激情法、同伴互助法、案例分析法。

5. 设计思路

表4-2

	环节	主线	目的	时间（分钟）
端午之旅	品米粽香	端午之美	培养民族审美	10
	寻文化根	端午之源	提升文化自信	15
	铸中华魂	端午之争	树立精神标识	10
	送中药行	端午之行	落实专业践行	10

二、活动准备

师生共同准备：

（1）上网查阅端午节的来历和全国各地端午习俗。

（2）布置教室，挂艾叶菖蒲，准备端午节饰物。

（3）收集古代诗人、近现代文人创作的有关端午节的诗词和文章。

（4）准备小品《端午成长记》。

（5）准备朱砂、雄黄、苍术、山柰、白芷、菖蒲、川芎等中药和若干香囊袋。

（6）结对子，走读生给住校生带来自家包的粽子。

三、实施过程

环节一：品米粽香——端午之美（10分钟）

1. 品美

播放视频，聆听古琴曲演奏《离骚》——韵美；

师生共同品尝美味的粽子——味美。

品尝粽子完成“仪式感”的同时，感受到同学之间友情的温暖，静谧悠远的古琴旋律带领同学们通古贯今，教师朗诵《离骚》导入节日主题。

2. 议美

教师提问：大家说一说端午节美不美？怎么美？

学生回答：香粽味美、香包形美、龙舟竞技美、家人团聚美……

教师引导：端午是古已有之的民俗大节，在数千年的传承中不断积累内涵和底蕴，最终拥有了旺盛的生命力和强大的影响力。在这些内涵中最打动人心的美是什么？

师生共同提炼：“亦余心之所善兮，虽九死其犹未悔。”中华民族历来崇尚大义，端午体现着爱国精神之美；一个节日将古人的思维、情感、期盼化为习俗传递今人，有穿越千年的历史厚重之美；端午节凝聚了中华民族对自然、民族、家国的独特情感，具有中华传统文化、民族文化之美。

3. 诵美

师生齐声诵读《离骚》选段（见附件一）。

教师小结：大家朗诵的部分最能表达屈原的爱国之情，这是最珍贵、最高尚的情感。“亦余心之所善兮，虽九死其犹未悔”展现了屈原誓死也要坚守理想的执着追求，正是因为屈原有如此伟大的精神，我们才会世世代代在端午节缅怀他。

设计意图：通过品美、议美、诵美，帮助学生感受端午节之美，树立中华民族传统节日审美意识，激发学生对中华传统文化的热爱。

环节二：寻文化根——端午之源（15分钟）

教师引导：同学们，我们知道端午要吃粽子、赛龙舟，这些都与爱国诗人屈原有关，那佩戴香囊、腕系丝线、门插艾叶又是为了什么呢？为什么端午节会有二十多个名字呢？请大家欣赏小品。

1. 初探端午渊源

学生表演小品《端午成长记》（详见附件二）。

小品主线：龙图腾祭祀的节日→“祛病防疫”的节日（天中节、天医节、卫生节）→乡俗午日以粽奉伍大夫→纪念屈原的节日（诗人节、粽子节、龙舟节）→纪念孝女曹娥（女儿节）。

教师展示中国地图。提问：为什么端午节有这么多的名称？我国每个地区的端午习俗有哪些差别？你能探究其原因吗？

学生观看，思考，发言。

学生明确：因为不同的典故、不同的风俗形成不同的名称，长江中下游祭屈原、赛龙舟、包粽子，苏州一带祭伍子胥，北京一带以石榴花妍饰女儿，山西用艾叶洗身，陕西要贴纸牛，江西饮雄黄酒……这些习俗多是围绕历史事件的地域展开，后来也有互相融合的现象。

教师小结：端午节并不是单一的文化源头，是千年传承中多种文化的集合，习俗与名称体现端午的文化起源和丰富的表达形式。

2. 细谈端午文化

教师提问：端午节包含了哪些文化内涵？这些文化内涵体现了中华传统文化的哪些思想？

学生小组讨论，师生共同探究，揭示其内涵。

师生明确：端午文化包括图腾文化、防疫祛病、忠君爱国、孝道；对应的文化思想是对龙文化的敬畏、对健康长寿的希望、对家国情怀的崇尚、对家庭人伦的恪守。

3. 内省民族自信

教师出示PPT，展示几组对比：

对龙文化的敬畏与复活节；对健康长寿的希望与平安夜；

对家国情怀的崇尚与独立日；对家庭人伦的恪守与母亲节。

教师提问：请同学们谈一谈，以上对比有什么异同之处？你得出了什么结论？

学生思索回答：中外节日主题有些是相同的，但是端午节的内涵更加深厚、文化更加丰富，也更适合我们中华儿女。（预测）

教师小结：端午节跨越历史的长河，承载着中国古代人民质朴的思想，是家、国、生命、自然、信仰等多层次文化的集合。因此，端午节不仅是四

大传统节日，更是文化瑰宝，是国宝。

设计意图：通过小品，将复杂的端午知识以同学们喜闻乐见的方式呈现出来，问题导向帮助学生跨越历史、纵观地域，全面了解端午知识；通过小组合作交流，追寻端午的文化根源。

环节三：铸中华魂——端午之争（10分钟）

教师：端午节蕴含着感人的家国情怀、深厚的文化内涵，说它是国宝一点也不为过。可是由于我们的忽视，一场端午之争敲响了重视传统文化节日的警钟。

1. “非遗”之争

案例：

2005年，韩国“江陵端午祭”被联合国教科文组织宣布为世界非物质文化遗产，在国内引起巨大反响；中国通过4年的努力，终于在2009年由联合国教科文组织正式批准端午节列入世界非物质文化遗产，这也是我国首个列入世界“非遗”的传统节日。（详见附件三）

教师提问：“江陵端午祭”比我国端午节提前4年列入世界“非遗”，你怎么看待这一事件？

学生热烈讨论。

教师正面引导：端午文化十分宝贵，韩国十分重视，并且保护得很好，我们国家在保护和弘扬传统文化方面应多向韩国学习；但是端午文化起源于中国是毋庸置疑的，因此我们有义务、有底气、有能力将端午节和端午文化保护并传承下去。

2. 习俗之争

（1）教师提问：大家过端午只剩“吃、游”，商业气息浓厚，还有很多传统习俗由于繁缛复杂的仪式或者文化差异已被我们淡忘。同学们，这些端午习俗应该被淘汰吗？

学生思考回答：有的应该淘汰，应适应现代人生活；有的不应淘汰，习俗是文化的一种表达……

师生小结：很多习俗在现代文明中已经不适应（如食枭羹，也就是猫头鹰，是国家二级保护动物），我们不必照搬，但是每个习俗背后的文化我们却不能忘记，尤其是屈原崇高的爱国精神，值得我们永远传承。

（2）教师提问：为了更好地传承文化，大家可以想出哪些创新的做法？

学生回答：制作中药香囊（结合专业）、诵读比赛、家人朋友聚会时开展屈原爱国主题的“飞花令”……

教师小结：端午节不仅有民俗活动，还有诗词歌赋，缅怀屈原等文化内涵。当传统节日走进新时代，应该有更多个性化、有创意的形式与时代特征相结合，使节日的文化传承更有活力。

设计意图：通过案例，让学生反思不重视传统文化的后果，认识到中华传统文化的宝贵，并坚定信念，树立文化自信，珍爱传统文化。习俗之争让同学们思考如何把传统节日过得更好，加强对传统文化的保护并重视传统文化的传承。

环节四：送中药行——端午之行（10分钟）

1. 中药香囊送健康

（1）班级同学利用自己的专业知识制作有不同功效的香囊。

（2）展示并阐述自己的配药原理及功效。

（3）将香囊送给亲朋好友。

2.“打卡清单”过端午

根据条件和自己的喜好设计“端午打卡清单”，制订端午节活动计划（略）。示例：

表4-3

我的“端午打卡清单”（含预设）			
必做事项	文化渊源	完成打卡	我的感受
包粽子			
挂艾叶			
诵读《离骚》			
……			

3. 班主任总结

一次端午之旅带我们感受了千年端午文化的积淀和传承！习近平总书记说过：“中华优秀传统文化是中华民族的精神命脉。优秀传统文化是一个国家、一个民族传承和发展的根本，如果丢掉了，就割断了精神命脉。”传统节日最能体现一个家庭、一个民族、一个国家的文化认同。在过去，“圣诞节”“情人节”“万圣节”等西方节日在同学们当中受到热捧，但一味崇洋媚外，我们优秀的传统文化将逐渐被遗忘，甚至湮灭。因此，我们要重视中国传统节日，过好传统节日，这是传承中华文化最直接有效的方式和重要途径。事实上，我国传统节日在形式、内容、意义和内涵等方面一点儿也不比西方节日逊色。我们要把传统节日过得更好，过得更精彩。

设计意图：将端午文化与专业结合，感受端午节与中药专业的联系；通过端午计划书，帮助学生深刻感受端午节的文化内涵，通过实际行动，传承传统文化。

四、课后拓展

（1）制作更多的香囊送给老师、亲友和敬老院的老人们。

（2）端午节后将班级“端午打卡清单”张贴展示，并评选5名“端午达人”。

（3）制作端午节视频日志，发布在短视频平台上，宣传端午文化。

（4）以端午节为起点，加深对中华传统文化的理解，做传统文化的传承人。

五、活动总结

通过本次班会，学生全面了解了端午节的文化内涵，树立了传统节日审美意识，激发了学生对中华传统文化的热爱，并坚定了信念，树立起文化自信，珍爱传统文化。将端午文化与专业结合，通过实际行动做一名合格的中华优秀传统文化的传承者。

附件一：

《离骚》选段

长太息以掩涕兮，哀民生之多艰。
余虽好修姱以鞿羁兮，謇朝谇而夕替。
既替余以蕙纕兮，又申之以揽茝。
亦余心之所善兮，虽九死其犹未悔。
怨灵修之浩荡兮，终不察夫民心。
众女嫉余之蛾眉兮，谣诼谓余以善淫。
固时俗之工巧兮，偭规矩而改错。
背绳墨以追曲兮，竞周容以为度。
忳郁邑余侘傺兮，吾独穷困乎此时也。
宁溘死以流亡兮，余不忍为此态也。

鸷鸟之不群兮，自前世而固然。
何方圜之能周兮，夫孰异道而相安？
屈心而抑志兮，忍尤而攘诟。
伏清白以死直兮，固前圣之所厚。
悔相道之不察兮，延伫乎吾将反。
回朕车以复路兮，及行迷之未远。
步余马于兰皋兮，驰椒丘且焉止息。
进不入以离尤兮，退将复修吾初服。
制芰荷以为衣兮，集芙蓉以为裳。
不吾知其亦已兮，苟余情其信芳。
高余冠之岌岌兮，长余佩之陆离。
芳与泽其杂糅兮，唯昭质其犹未亏。
忽反顾以游目兮，将往观乎四荒。
佩缤纷其繁饰兮，芳菲菲其弥章。
民生各有所乐兮，余独好修以为常。
虽体解吾犹未变兮，岂余心之可惩。

附件二：

端午成长记

第一幕：

学生1（旁白）：端午节最初为古代百越地区（长江中下游及江南一带）崇拜龙图腾的部族举行图腾祭祀的节日，在农历五月初五以龙舟竞渡形式举行部落图腾祭祀。

学生2、3、4：对着龙图案祭拜，赛龙舟表演（借助道具）。

第二幕：

学生1（旁白）：随着百姓生活经验总结发现，五月瘦病、皮肤病多发，蚊虫变多，端午节又成了“祛病防疫”的节日，古人以兰草汤沐浴去污，悬挂艾叶菖蒲为俗。

学生2、3、4：演示兰草汤沐浴流程，表演悬挂艾叶菖蒲，利用专业知识说明二者功效。

第三幕：

学生1（旁白）：春秋时期，伍子胥受奸臣诬陷自杀殉国，吴王夫差将其尸首于五月初五投入大江，东吴地区（今苏州一带）视其为河神，有记载道："乡俗午日以粽奉伍大夫。"

学生2、3、4：分别扮演伍子胥、夫差、伯嚭（伍子胥忠君爱国却无奈受陷）。

第四幕：

学生1（旁白）：战国末期的楚国（今湖北）诗人屈原因被排挤流放，在端午抱石跳汨罗江自尽，百姓划船打捞屈原，后来演化为赛龙舟；百姓为保护屈原尸身不被鱼虾啃咬，向江中投入米团，后来演变为粽子。唐代文秀《端午》一诗言："节分端午自谁言，万古传闻为屈原。堪笑楚江空渺渺，不能洗的直臣冤。"为树立忠君爱国的榜样将端午作为纪念屈原的节日。

学生2、3、4：分别扮演屈原、百姓甲、百姓乙（屈原冤屈、百姓甲投入大米、百姓乙划船打捞）。

第五幕：

学生1（旁白）：此说出自东汉《曹娥碑》。曹娥是东汉上虞人，父亲溺于江中，数日不见尸体，当时孝女曹娥年仅十四岁，昼夜沿江号哭。过了十七天，在五月初五投江，五日后抱出父尸。

由于节日将近，尊重民俗，第五幕不安排学生扮演。

附件三：

端午之争

2005年，韩国的"江陵端午祭"被联合国教科文组织宣布为人类口头和非物质遗产。这一消息当时在国内引起巨大反响，媒体与网络沸沸扬扬了好一阵，有关方面也厘清了韩国的端午祭和中国的端午节是两回事，但这事给国人的刺激着实不小。很多人纳闷：中国的端午节是本源，历史更悠久，为何他国抢先？这种心有不甘的反思，也使有关方面的紧迫感增强，端午"申遗"得以提速。

2006年5月20日，国务院公布的第一批国家级非物质文化遗产名录中，端午节列入其中。2008年6月的端午节正式成为法定节假日。2009年的全国两会期间，还有委员建议在端午节前后恢复"黄金周"。凡此种种，都为端午"申遗"提速埋下了伏笔。

2008年，中国组织专家对申报项目进行评定，最终的申报材料由鄂湘苏三省联合"打包"，湖北省牵头申报。

专家委员会开始着手工作，经过近半年的努力，2008年10月，湖北省非遗保护中心代表中国，向联合国教科文总部递交了申报书和相关材料。没想到，2008年年底申报文本却被退了回来。理由是文本格式不规范，“要求在活动内容和表现形式上，做最通俗易懂的表达，让人一看就明白”。另外，“项目涉及多个省份，申报材料中缺少相关省份的申报授权书”。

湖北省非遗保护中心迅速获得相关授权，并组织专家对申报书进行了多次修订。

2009年9月，好消息终于传来。在联合国教科文组织保护非物质文化遗产政府间委员会第四次会议上，“中国端午节”被审议并批准列入人类非物质文化遗产代表作名录，成为中国首个入选世界“非遗”的传统节日。

不忘初心　传承文化

——中国传统文化春节主题班会

一、总体构想

1. 教育背景

（1）党的十八大以来，习近平总书记大力提倡传承中华优秀传统文化，赋予中华优秀传统文化时代内涵，运用中华优秀传统文化治国理政，应对国内外重大挑战，将中华优秀传统文化转化为实现中华民族伟大复兴、构建“人类命运共同体”的强大精神力量。

（2）作为我国最为盛大的传统节日——春节，从古至今在人们的生活中都起着不可替代的作用，其体现的节日文化内涵无疑是我国传统节日中最具代表性的。随着时代的变化，传统的节日民俗也在不可避免地发生着巨大的变化，而春节的变化则是这众多变化的一个缩影。

（3）对于00后的中职生来说，过年的放烟花、看春晚、吃饺子都是无所谓的事情，取而代之的是集五福、抢红包、发朋友圈、等着别人来赞……面对年味渐淡、青少年传统习俗意识淡薄的现象，加强传统文化教育势在必行。

2. 班情分析

（1）学生为中职学前教育专业二年级。

（2）召开基础。学生文艺特长较为突出，思维灵活，喜欢新思想新事物，对传统文化知之甚少，传统观念淡薄。

（3）召开必要。目前国内早教机构和幼教机构纷纷重视“国学”教育，幼儿教师肩负着启蒙教育和传承文化的使命，要激发学生学习传统文化的热情，提升对传统文化的认知水平，为以后的职业生涯奠定基础。

3. 教育目标

（1）强化学生对中国传统文化的认知，增强文化底蕴。

（2）增强学生的爱国情感和传承祖国优秀传统文化的意识，提高学生学习中国传统文化的热情。

（3）引导学生在生活、学习、实习中，传承并弘扬中华优秀传统文化。

4. 教育方法

明理激情法、同伴互助法、案例分析法。

5. 设计思路

表4-4

实施过程	设计意图	时间（分钟）
导入	春晚音乐，引发共鸣，引出主题	1
忆初心	播放视频，了解习俗，回忆初心	5
寻初心	模拟春节，组织活动，感受年味	15
谈初心	揭露现象，畅谈初心，引发共鸣	10
守初心	内化传统，设计教学，知行合一	12
总结	教师总结，升华主题，传承文化	2
拓展	走进校园，弘扬文化，牢记使命	课后

二、活动准备

（1）课前召开班委会，教师带领班委商讨班会具体内容、形式，发挥学生的主动性。

（2）将学生分为4组。

（3）网络平台布置课前任务。学生分组准备资料，查找春节相关习俗，准备影音资料。

（4）每组负责一项春节集市活动，准备活动材料。

（5）班委设计调查问卷，在校内进行调查，并收集整理调查结果。

（6）布置教室，如带有新年意义的小饰品（窗花、灯笼等）装饰教室。

三、实施过程

导入：播放春晚经典音乐，主持人向大家拜年，勾起学生儿时的回忆，引出班会主题。

环节一：忆初心

播放纪录片《佳节》片段，视频展示中国过年的习俗，不同的地方有不同的民风习俗。

教师引导学生交流课前收集的过年习俗，回忆小时候自己在家里过年的风俗。

各小组派学生代表上台讲述自己家乡过年的风俗习惯。

设计意图：以视频形式导入，让学生在纪录片的视觉盛宴中直观感受中国的年味，勾起学生关于儿时春节的回忆。

环节二：寻初心

现场模拟春节集市，以小组为单位摆设4个项目体验区域。

分别为剪窗花、包饺子、写对联、制作新年贺卡。学生可以自由选择感兴趣的摊位进行体验。在活动过程中，摊主需要向参与活动的同学介绍本区域习俗的来历，参与的同学在体验的过程中需回答摊主提出的问题。

设计意图：通过模拟春节常见的庆祝活动和集市热闹的氛围，引导学生抛开网络世界，挖掘珍藏在记忆里春节气氛浓厚的活动，寻找“年味”，感知传统文化的魅力。

环节三：谈初心

（1）抛出话题：随着人们生活水平的日益提高，很多人会选择以出门旅游的形式度过春节，被称为“躲年族”。这种全新的过年方式，有人认为具有时代性也很有创意，有人觉得这种脱离了熟知的传统文化背景的欣赏心理和过节方式是不妥的。那同学们怎么看待这一现象呢?

学生自由发言，发起辩论，畅谈观点。

有的学生认为，这种新的过年方式很新颖，因为现在物质条件不像以前那么匮乏，只有等到逢年过节才能吃到好吃的；在物质生活丰厚的今天，人们更加向往精神上的放松，再加上现在的生活节奏越来越快，生活压力也很大，利用春节假期外出放松也是可以理解的。

有的学生则认为，春节是阖家团圆的日子，在年三十的晚上一家人聚在一起吃饺子，寓意团圆吉祥，大人孩子穿着新衣服围坐在一起，大家回顾着过去的一年并给彼此送上新年美好的祝愿，长辈们给孩子分发压岁钱，祝孩子健康快乐地成长，这才是春节本身的意义所在。

主持人适时引导，在时代变更、中西方文化交叠的当下，中国传统文化是否该被取代？或者该如何传承？

学生思考。

（2）教师播放视频：金发碧眼的外国人开始热衷于中国的传统元素，他们讲中国话、吃饺子、舞狮子、练太极。

邀请学生谈谈感受。

教师小结：在我们崇尚西方节日如圣诞节、愚人节时，中国文化早已被世界认同并效仿。中华五千年传统文化的魅力在呼唤着我们，希望得到我们的关注和喜爱。

设计意图：通过话题探讨，引导学生感受我国传统文化的巨大魅力和人文特色，增强学生的民族自信心。

环节四：守初心

教师布置任务：假如你是幼儿园老师，请你为幼儿园的小朋友设计一个以“春节”为主题的教学活动。每组派代表上台说课，课时5分钟左右。

学生以小组为单位完成任务，并上台汇报展示。

全班投票选出最优策划小组。

设计意图：结合专业特点，设计活动方案，在锻炼专业基本功的同时，将传统文化内化于心。教学活动设计能够唤起学生对传统文化的热爱，强化自身对传统文化的认同，引导学生做好传播传统文化的主体。

四、总结拓展

1. 教师总结

探索中国传统节日，就如推开一扇中华五千年文明的历史之窗，打开一幅厚重绵长的中华人文之卷，可以从中窥见昔日的生活画卷和前人的思想情趣。五千年的风和雨，铸造了一个拥有着无数故事与无限魅力的国度，而在这个国度里形成的文化就是人民智慧的结晶，绽放着炫目迷人的光彩。我班举行的这次主题班会，旨在激发同学们的文化自信和民族自豪感，增强同学们的社会责任感和荣辱意识，培养同学们的创新精神、实践能力、人文素养等，指引学生成为拥有健康审美情趣和积极向上的生活态度的中国人。

大家作为未来的幼儿专业教师，不仅肩负的是祖国未来的教育使命，也承担着传承文化的使命。在中西方文化融合的过程中，我们要在传承和创新中不断拓宽民族文化生存和发展的空间，实现民族文化与现代文明的融合发展。希望大家能够将我国优秀传统文化独特的魅力和意蕴深广的精髓扩展至其他国家和领域，在传承中提升中华民族的形象和国际地位。

2. 拓展活动

（1）结合幼教专业实际，各小组将“环节四”中设计的教学活动教案递送至联办幼儿园，在征得同意的情况下付诸实践，在幼儿园教学时传播中华优秀传统文化。

（2）在新年到来之际，动手制作新年特辑海报，在校园内进行宣传。同时，与校社团联办迎春节趣味活动，营造节日氛围。通过参与活动不断提升同学们学习中国传统文化的热情，传承并弘扬中华优秀传统文化。

五、活动反思

本次主题班会的目的，是让同学们丰富中国春节传统文化的各方面知识，在分享与交流的过程中进行思想的碰撞，让同学们能够感受、发现和思考传统文化的价值，进一步培养创新精神和实践能力。

班会充分发挥了学生的主体作用，教师引导学生深度参与活动，在找寻初心的过程中感受中国传统文化的独特魅力。学生由环节一、二、三的学习，内化传统文化的内涵，再由“环节四”将传统文化传播到幼儿园，这一过程本身就是文化传承的体现。班会结束后，学生能深刻意识到自身肩负的使命，教学效果良好。

“不忘初心，传承文化”主题班会课堂实录

【班会背景】

《幼儿园教育指导纲要》指出：幼儿园教育是“基础教育的重要组成部分，是我国学校教育和终身教育的奠基阶段”。随着社会发展和教育改革的深入，传统文化教育进一步得到重视，在基础教育阶段，教学目标中已经加入了传统文化教育这一项重要的学习任务。所以，作为基础教育的重要组成部分——学前教育，传统文化教育不可或缺。从现在试行的《幼儿园教育指导纲要》的表述中，我们可以深切地感受到幼儿学习传统文化的必要性：“引导幼儿实际感受祖国文化的丰富与优秀，激发幼儿爱祖国的情感。”

在对幼儿进行传统文化的教育过程中，幼儿教师肩负着最为重要的责任。培养高素质的能够传承中华民族传统文化的幼儿教师，成了学前教育专业教育教学的一个重要目标。中职生文化基础比较薄弱，对中国传统文化缺乏深度了解，对传统文化的价值也没有一个准确的把握。面对学生传统文化意识淡薄的现象，我召开了以“不忘初心，传承文化”为主题的班会，旨在提高学生学习传统文化的热情，在传承传统文化的同时为今后的职业生涯发展奠定基础。

【班会目的】

（1）促进学生对中国传统文化的认知，增强学生的文化底蕴。

（2）激发学生的爱国热情，增强保护传统文化的意识，提高学习传统文化的热情。

（3）引导学生在生活、学习、实习中，传承并弘扬中华优秀传统文化。

【班会准备】

（1）课前召开班委会，教师带领班委商讨班会具体内容、形式，发挥学生的主动性。

（2）将学生分为4组。

（3）布置课前任务。学生分组准备资料，查找与春节相关的习俗，准备影音资料。

（4）每组负责组织一项春节集市活动，分组准备活动材料。

（5）班委设计调查问卷，在校内进行调查，并收集整理调查结果。

（6）布置教室。用具有新年意义的小装饰品装饰教室，如窗花、灯笼等。

【班会流程】

导入：（播放春节联欢晚会开场音乐）

主持人（老师）：大家听到这个音乐熟悉吗？

学生：感觉像春节联欢晚会的音乐。

老师：是的。再过一段时间就过年了，在这里提前祝大家新年快乐！

（全班鼓掌）

老师：今天，咱们班会课的主题就是“春节”。

环节一：忆初心

老师：首先，请大家一起来看一个视频。

（播放视频《佳节》）

视频内容：

自古以来，中国人的节日与传统历法、农事节气相伴而生。年复一年，佳节往复，春种秋收，给养生息。节日是中国人生活中的浓烈印象，这些特殊日子传承和弘扬传统与文化，代代相传，与华人世界魂脉相牵。

在这部全景展示中国传统节日的影片中，可以看到春节期间人们忙碌的景象，表达了他们对宗族、礼法、家庭的重视，对传统文化的热爱。

老师：视频讲述的是春节时人们忙碌的景象。那么，我想请大家回忆一下，你们小时候家里过年都有哪些习俗呢？

（学生思考，举手回答）

王舒瑶：过年要吃团圆饭、扫尘、祭灶、舞龙舞狮、磕头、拜年，还要包饺子，我妈妈还会在饺子里塞一粒花生米，谁吃到了就预示着来年会交好运。

余慧文：过年会贴对联，贴窗花。除此之外我的家乡有个比较特别的习俗，大年初一的早上会把麦子粉撒在门口，妈妈说这寓意着来年五谷丰登福满门。

张星星：过年要磕头拿红包。另外，我的家乡有个习俗——放桃树枝。会把桃树枝剪成一小段一小段的，用红线扎起来，放在孩子的口袋里，有着避邪和招财的作用。好像从我小的时候就开始了，一直流传到现在。

秦琪：我家有个习俗是在水桶里放硬币。因为我爸是渔民，水桶意为大海，硬币意为元宝或鱼，以此祝愿下一年出海能满载而归。

老师：大家都谈了自己家乡的习俗。过年的习俗有很多，每一个习俗都象征着人们对美好未来的期盼。春节作为我国最为盛大的传统节日，体现的文化内涵无疑是我国传统文化中最具代表性的。那么接下来，我们一起走进"春节"感受年味。

环节二：寻初心

老师：今天由我来带领大家"逛集市"。请各小组的负责人将你们组的"摊位"准备好。

（各小组派2名同学摆设摊位）

老师：现在大家可以看到，我们今天的4个摊位分别是剪窗花、包饺子、写对联、制作新年贺卡。下面的时间交给同学们，大家可以自由选择你感兴趣的摊位进行体验。

（学生参与到活动中去）

镜头一：（剪窗花摊位处）

摊主甲：剪贴窗花迎春的习俗是在宋元后开始兴起的，寄托着辞旧迎新、接福纳祥的新年寓意。这种富有民族特色的民间风俗已有上千年的历史。花鸟虫鱼、瓜果飞禽、民间故事、历史人物、戏剧脸谱等，窗花里应有尽有。可以说，窗花以其特有的形式将吉事祥物、美好愿望表现得淋漓尽致，将节日装点得红火富丽、喜气洋洋。也正因如此，我们的春节也显得更加多彩。

（摊主乙为同学们准备剪窗花所需的材料，并示范讲解如何剪窗花。学生1在学习剪窗花。）

摊主甲：请问有谁知道窗花的种类？

……

镜头二：（包饺子摊位处）

摊主丙：“大寒小寒吃饺子过年”。春节吃饺子，是我国北方比较流行的习俗。据文献记载，饺子源于古代的角子，原名娇耳，是南阳人医圣张仲景发明的。相传张仲景告老还乡时，正好赶上了冬至，看到忍饥受寒的百姓心里非常难受，便在当地支起一个医棚，向穷人舍药治伤，后来张仲景制作出了娇耳，也就是今天的饺子。不过，他当时是将羊肉及一些驱寒的药材一起包在面皮里，煮熟了分给大家吃，不仅填饱了肚子，还避免了耳朵生冻疮。饺子的谐音“交子”，即新年与旧年相交的时刻。过春节吃饺子意味着大吉大利。另外饺子形状像元宝，包饺子意味着包住福运。

（同学们围在一起包饺子）

摊主丙：饺子原名叫什么？作什么用的？

学生1：我知道！饺子原名娇耳。是张仲景发明的，当时用来给穷人充饥和治耳朵上的冻疮。

……

（活动结束，各组展示优秀作品）

老师：刚才的活动，大家开心吗？

学生：开心！

老师：有没有感受到过年的气氛？

学生：很有过年的气氛！

老师：包饺子、贴对联、守岁、闹花灯等等都蕴含着中华五千年传统文化的精髓。但是随着时代的变化，传统的节日习俗在不可避免地改变。现在的拜年只是一条群发的微信信息；各大网络直播平台的出现，让一家人不再在一起看春晚，而是各自抱着手机刷红包；压岁钱不再装在红包里由孩子们磕头拜年而得，而是一个简单的微信红包。我们庆祝春节的方式转变，人与人之间失去了交流的温度，变成了一连串的数字编码。今天，大家放下了手机，近距离地触摸了“年味”，一起找回了我们传统文化的魅力。

环节三：谈初心

老师：大家有没有听说过“躲年族”？

学生：没有。

老师：“躲年族”泛指一些过年选择不回家的人。现在很多人喜欢以出

门旅游的方式度过春节，也被称为“躲年族”。

（PPT呈现案例）

出生于农村，在青岛工作的李岩决定今年在外过春节。李岩对于小时候过年穿新衣服、放鞭炮的记忆印象深刻，但如今他对记者坦诚并不想回家过年。“小时候村里人串门子拜年，晚辈要给长辈磕头，现在都不会这么做了。年味淡了，人心也远了。”因此，为了过一个别样的春节，李岩和女朋友商定，去西江千户苗寨过年，吃慕名已久的长桌宴。

老师：案例中的李岩用一种全新的方式过新年，你是否赞同呢？大家可以谈谈自己的想法。

（学生思考，举手回答）

学生甲：我认为出门过年好。春节正逢假期，可以和亲朋好友一块出游，同时增加交流、增进亲情、释放压力，并且能体会不同地域的生活方式，如北方人到海南、云南、甚至国外旅游，南方人到东北看冰灯等。

学生乙：我觉得在家过年比较好，家里的长辈，大都不怎么喜欢过年时去外面旅游，更喜欢宅在家里，和孙子孙女们聊聊家常，看着我们小辈的皮闹。中国人的传统讲究过年团圆，回家过年，吃年夜饭、走亲戚、拜年必不可少。如果去外面的话，就感觉没有年味。从这个角度分析，我觉得出门旅游过春节不好。

学生丙：我觉得这种过年方式很新颖。现在的生活条件好了，可以在满足物质生活的基础上去追求一些精神上的放松。而且，出门旅游可以是全家一起外出，家人在哪里，哪里就是“家”。

学生丁：我看过很多春节回家的故事，在外打工的人，无论多难，也要赶在年三十之前到家，和家人吃一顿团圆饭。在中国人的传统观念里，过年更多的是团圆，传统不代表守旧，而是一种文化，如果连过年的传统都要改变，那么中国的传统文化就会变得更加淡薄。

老师：同学们讲得都很有想法。随着经济快速发展，我们对于物质的需求不需要等到过年时才能被满足，很多人就开始追求精神上的享受，这点是可以理解的。那么大家想一想，在时代变革，特别是中西方文化交融下，这些中国传统文化是否该被取代？如果不应该被取代，那么该如何传承呢？带着这个问题，我们先来看一段视频。

（播放视频）

内容简介：

越来越多的外国人开始学习中国话，穿着中式服装，打太极，唱京剧，过中国年，研究中国文化。

老师：看完视频，大家有什么感受？

贺彦欣：我觉得很骄傲，中国文化源远流长，上下五千年的历史文明，是祖先给我们留下的瑰宝。

刘芹：在骄傲的同时我觉得很惭愧，看到外国人对中国文化的喜爱和了解，而我们自己却慢慢把老祖宗留给我们的文化遗产弄丢了。

李婧瑄：我们很多人都会不自觉地崇洋媚外，觉得国外的东西都是好的，特别是喜欢过外国的节日，觉得外国的节日有意思。其实，身为中华儿女，我们最应该做的就是将中华民族优秀传统文化传承和弘扬下去。

环节四：守初心

老师：同学们，现在的你们已经认识到了弘扬传统文化的重要性，那么作为一名未来的幼教老师，我们能为传承和弘扬文化做些什么？

学生：作为一名老师，我的任务本身就是传道授业，我可以将传统文化教给我的学生，再由他们将传统文化传承下去。

老师：那么今天就给大家布置一个任务——一起为幼儿园的小朋友设计一个关于春节的教学活动。

（课件呈现“任务书”）

老师：下面以小组为单位，合作完成任务。设计好的方案请上传班级平台。

（学生小组讨论）

（讨论结束）

老师：下面有请第一组同学上台为我们讲解她们设计的活动。

（掌声欢迎）

（屏幕呈现第一组的设计稿）

第一小组：我们组是围绕“拜年”这个习俗进行设计的。由于幼儿园的小朋友认知能力有限，我们将“拜年”分成以下几个环节：

（1）儿歌《拜年》，带着孩子跳拜年舞（自创舞蹈）；

（2）提问：拜年的方式有哪些；

（3）齐说祝福语；

（4）做手工鞭炮。

以上是我们组的设计方案，谢谢大家！

（鼓掌）

（屏幕呈现第二组的设计稿）

第二小组：我们组的思路是通过以下几个环节，带领小朋友们了解春节的习俗：

（1）讲述关于新年的绘本故事；

（2）做灯笼；

（3）学唱《新年好》；

（4）吃饺子等。

先给小朋友们讲关于春节的绘本故事，让小朋友们了解过年，然后带着小朋友们一起制作灯笼（可以让家长参与进来，帮助小朋友一起完成。同时借由活动让家长重视传统文化），接下来一起学唱《新年好》，最后将和小朋友一起分享美味的饺子作为结尾。以上是我们的汇报，谢谢大家！

（鼓掌）

（屏幕呈现第三组的设计稿）

第三小组：我们组设计的活动有：

（1）带领孩子们跳《过年啦》舞蹈；

（2）带领孩子们一起制作新年贺卡，送给爸爸妈妈；

（3）学习十二生肖歌，并让小朋友知道自己是什么属相和今年是什么生肖年。

通过活动，让小朋友感受过年的氛围，送出新年的祝福，并了解中国的十二生肖。谢谢大家！

（鼓掌）

（课件呈现第四组的设计稿）

第四小组：我们组设计的活动有：

（1）了解过年的习俗；

（2）剪窗花；

（3）做年糕。

通过这几个具有传统节日意义的活动，让小朋友们在活动中感受春节文化。谢谢！

（鼓掌）

老师：4个小组的汇报都很精彩！下面我们投票选出设计最优的小组。

（学生小组投票，第二组的同学获得最多票数）

老师：恭喜第二组的同学！

（全班鼓掌）

环节五：班会小结

老师：同学们，你们作为未来的幼儿专业教师，肩负的是祖国未来的教育使命，是文化传承的使命。因此，首先必须唤起我们自己对传统文化的热爱之情，强化我们自身对文化的认同和自信，做传统文化的传播者。在中西方文化融合的过程中，强化自身文化的生存和发展、继承和创新，实现民族文化与现代文明的化合创生，因为只有本民族先热爱推崇自己的传统文化，才能将其独特的魅力和意蕴扩展至其他国家，而经过这个过程后，民族形象地位的提升又会反过来促使我们更好地传承传统文化。

【班会延伸】

（1）结合幼教专业实际，各小组将“环节四”中设计的教学活动教案递送至联办幼儿园，在征得同意的情况下付诸实践，并在幼儿园传播中华优秀传统文化。

（2）在新年到来之际，动手制作新年特辑海报，在校园内进行宣传；同时，与校社团联办迎春节趣味活动，提升同学们学习中国传统文化的热情，传承并弘扬中国传统文化。

【班会总结】

探索中国传统文化，就如推开一扇中华五千年文明历史之窗，打开一幅厚重而绵长的中华人文之卷，我们可以从中窥见昔日的生活画卷和前人的思想情趣。五千多年的风和雨，铸造了一个拥有着无数故事与无限魅力的国度，而这个国度的文化就像一朵朵璀璨的烟花般绽放着炫目的风采。我班举行的这次主题班会，旨在激发同学们的民族自豪感，对同学们进行爱国主义教育；以中华民族博大精深的历史文化感染同学们，进一步培养同学们正确的世界观、人生观、价值观；增强同学们的社会责任感、社会荣辱意识；培养同学们的创新精神、实践能力、人文素养等，培养他们健康的审美情趣并引导他们拥有积极向上的生活态度。

5

第 五 篇

重视法律法规
提升网络安全

敬畏岗位　敬畏职责

——中职生岗位规范教育主题班会

一、总体构想

1. 教育背景

（1）《中等职业学校德育大纲》指出，德育内容包含理想信念教育、中国精神教育、道德品行教育、法制知识教育、职业生涯教育、心理健康教育。其中法制知识教育包括职业纪律和岗位规范教育。要求学校要结合实训实习的特点和内容，抓住中职学生与社会实际、生产实际、岗位实际及与一线劳动者密切接触的时机，进行以敬业爱岗、诚实守信为重点的职业道德教育，进行职业纪律和安全生产教育，培养学生爱劳动、爱劳动人民的情感，增强学生讲安全、守纪律、重质量、求效率的意识。

（2）中职学校培养目标主要是"以就业为导向，以服务为宗旨"，为企业输送生产、建设、服务的第一线技能型人才，这就要求学校文化建设必须结合学生就业和成才的需要，强调职业学校办学与就业市场实现零距离对接。

（3）通过对中职学校毕业生就业情况的跟踪调查发现，在工作中，仍有相当数量的毕业生在踏上工作岗位后并不能很快适应岗位要求，也有不少企业管理者反映毕业生难以遵守企业的规章制度，职业发展后劲不足，导致部分学生选择离职、跳槽，甚至脱离本专业转行进入其他领域。因此，职业学校需加强学生"岗位规范"意识，引导他们顺利实现从"学生"到"员工"的角色转变，从而提高其就业的适应力和竞争力。

2. 学情分析

（1）召开基础。本班学生为酒店管理专业三年级学生，即将毕业、就业。由于00后的学生优越感较强，多以自我为中心，缺乏吃苦耐劳和奉献精神。在实习实训过程中经常出现操作不规范的现象，在进行仪容仪表训练时态度不够端正。在就业指导调查中发现，大部分学生缺乏职业意识，对未来从事职业的岗位规范不够重视。

（2）召开必要。当今社会就业竞争日益严峻，中职生要想在激烈的人才竞争中抢占市场就业份额，就需要提高自身能力，具备良好的道德素质和敬业爱岗、吃苦耐劳的职业品德。通过本次班会，加强学生的岗位规范意识，帮助他们为“职业人”角色转换做好准备。

3. 教育目标

（1）正确认识“岗位规范”的重要性。

（2）能够重视“岗位规范”并付诸实践。

（3）培养良好的职业精神，敬畏生命、敬畏规章、敬畏责任。

4. 教育方法

案例分析法、思辨探讨法、榜样示范法。

5. 设计思路

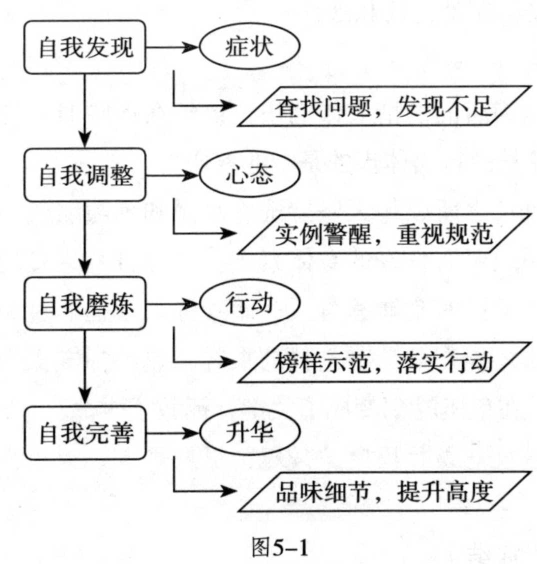

图5–1

二、活动准备

1. 教师

（1）课前召开班委会，设计适合班情的活动形式和活动内容。

（2）安排学生进入对口企业进行为期一周的实习。

（3）收集学生在企业实习中的照片、视频等资料和企业员工工作的影音资料，整理成PPT。

（4）准备相关视频资料。

（5）提前与优秀毕业生沟通，做好现场连线工作。

2. 学生

（1）课前进入企业实习一周，感受企业的氛围，熟悉企业的环境，了解企业对员工和岗位的要求，了解本专业相关行业发展现状。

（2）利用课余时间观看电影《中国机长》，了解大概内容。

（3）班委准备技能展示用品。

三、实施过程

导入：播放视频《中国机长》电影片段。（张涵予饰演的机长在浴室的闭气练习及袁泉饰演的乘务长安抚乘客等内容。）

提出问题：导演设计机长进行闭气练习的用意是什么？乘务长为什么在危急时刻还能够保持那份自信和冷静？

学生发表看法。

明确：主要是为后面的情节作铺垫。机长在遇险时，凭借过硬的身体素质才能脱险；乘务长的自信体现的是专业素质。

教师小结：机长之所以每天坚持洗冷水澡和练习闭气，是因为他岗位的特殊性，要求他必须要有良好的身体素质。这种日复一日的练习，看似和本职工作无关，却在关键时刻能够自救。而乘务长正是通过一次次的标准操作和日常反复训练，才能在危急时刻救助乘客。熟悉标准操作流程，打下了坚实专业基础的人，在危机时刻变成了关键，拯救了生命！

设计意图：播放电影片段激发兴趣，引发思考，为提出“岗位规范”埋下伏笔。

1. 自我发现（症结）

（1）实习照片显问题

PPT展示学生实习中的照片。

教师：请大家找找照片中存在的问题。

学生发现并指出问题。

教师小结：从照片中可以看到有些同学边玩手机边工作，有的同学餐桌摆台不规范，大部分同学呈现出懈怠和不专业的状态。我们再来看看企业员工在工作中的状态。

（2）反思自身找差距

PPT展示企业员工的照片。

教师：请大家看看正式员工的工作状态，他们的认真和专注是我们学习的榜样。也请大家从照片中找出自己与企业员工的差距，并反思原因。

学生反思自我，查找原因。

教师：从同学们的发言中，我们可以总结出这样几点原因：对工作的重视程度不够；对企业制度的适应能力不足；行为举止不专业；没有养成良好的生活学习习惯；工作态度散漫等。其实，大家总结的原因归结为一点，那就是对“岗位规范”不够重视。

设计意图：学生实习照片和企业员工照片形成鲜明对比，引发学生反思，重新进行自我定位，引出“岗位规范”的意义。

2.自我调整（心态）

（1）新闻事件

王某系上海某机械公司员工，从事制造工作。2012年3月，王某在进行生产时，由于操作不慎，导致部分产品出现瑕疵，给公司造成直接经济损失2000元。公司认为王某的行为严重违反公司规章制度，遂解除了双方的劳动关系。

教师引导学生思考：资料里反映出一个什么问题？

学生发表看法。

教师小结：从这一事件中，我们看到的是不遵守岗位规范带来的严重后果。如果同学们不改变实习时散漫的工作作风，不掌握岗位规范和要求，不重视用人单位的需求和评价，那么，不仅我们未来的就业前景不容乐观，甚至还会造成更为严重的后果。

设计意图：通过视频，让学生直观认识到不遵守岗位规范带来的严重后果，在心理上形成巨大的冲击，引起学生重视，增强职业意识，为“职业人”的角色转换做好准备。

3. 自我磨炼（行动）

（1）现场连线

现场连线往届优秀毕业生徐丹——现就职于市知名企业“蔚蓝海岸”，担任部门主管。邀请她谈谈自己在企业工作、学习中成长的经历。

从徐丹的谈话中，同学们了解到，她能够晋升到部门主管，没有捷径，全靠兢兢业业、一丝不苟的工作态度和过硬的工作能力。在工作中，她用规范化的服务用心做好每一个细节，持之以恒，在平凡的岗位上做出了不平凡的业绩。

教师引导学生，将榜样人物的经验转化为自身前进的标杆。对照自身行为展开共同讨论，针对自身薄弱环节寻求解决问题的方案。

（2）技能展示

学生代表上台展示“中式摆台”操作，请专业课教师点评。

设计意图：通过榜样人物的引领，强化岗位规范意识，帮助学生依照岗位规范制定学习方案；通过技能展示环节，营造竞争向上的学习氛围。

4. 自我完善（升华）

（1）播放《中国机长》影评视频

内容：无论是机长刘传健、二级长、副驾，还是乘务员，所有机组人员在危急时刻用他们的专业证明了自己，拯救了生命！他们临危不乱，在自己的岗位上恪尽职守；在生死关头，依然具备职业精神，在大家齐心协力的努力之下，飞机的9名机组人员和149名乘客全部安全落地。要配得上别人对自己职业的尊重，就要怀揣对生命的敬畏之心，依靠过硬的专业知识与职业素养。

（2）教师总结

同学们，《中国机长》给我留下印象最深刻的一句话就是“敬畏生命，敬畏规章，敬畏责任”。什么是职业精神？职业精神落到实处，就是遵守一些看似不起眼的工作流程。我们该如何提高自己的专业技能呢？老师希望大家能够做到以下几点：

① 日复一日地认真练习，增强本领，在关键时刻能够自救。

② 养成遵守岗位规范的习惯，严格按照流程做事，避免人为的无谓失误。

③ 时刻牢记自己的职责，清楚自己的服务对象。

④ 注重细节，细节决定成败，甚至生死。

“做事为本，做人为先”。希望通过本节课的学习，大家能够重新认识我们这个专业，认识我们未来的岗位。在今后的学习中，希望大家认真学习岗位规范，以一名真正的职业人的标准要求自己，将实习岗位和就业、工作、生活等各方面结合起来，努力成为更优秀的自己！

设计意图：通过《中国机长》的影评分析和教师总结，帮助学生树立正确的职业观。

四、课后拓展

在班级发起“我是职校生，也是新职工”系列活动，用企业精神引领班级发展，通过班训、班规塑造良好班风。设置模范墙，每月评选出“优秀员工”。

五、总结反思

本节班会，通过“自我发现”“自我调整”“自我磨炼”“自我完善”四个环节，帮助学生发现自身存在的不足，查找原因，增强岗位规范意识，树立正确的职业观。学生通过班会课明确学习动机，端正学习态度，理解未来岗位应具备的综合素质要求，做好心理、技能和习惯等方面的准备。

“宪”在 未来可期

一、总体构想

1. 教育背景

（1）宪法是国家的根本法，是治国安邦的总章程，具有最高的法律地位、法律权威、法律效力。为了增强全社会的宪法意识，弘扬宪法精神，全面推进依法治国，第十二届全国人民代表大会常务委员会第十一次会议决定：将12月4日定为国家宪法日。《中等职业学校德育大纲》中提出，要加强宪法法律基础知识教育。

（2）我校开展了青少年法律知识讲座，举行了“学宪法讲宪法”国家宪法日升旗仪式、“宪法在我心中”演讲比赛等宪法学习宣传教育活动。

2. 班情分析

（1）授课对象：中职二年级计算机技术应用专业学生。

（2）已有基础：经过系列主题活动，同学们初步掌握了个人成长和参与社会生活必备的一些基本法律常识，一定程度上形成了守法意识、公民意识。

（3）存在问题：

① 不了解宪法，认为宪法只是决定国体、政体的法律。与日常生活联系紧密的是《未成年人保护法》《教育法》《劳动法》等。

② 发生问题常常归结于校纪校规、道德问题，较少关注问题背后的法律性质，缺乏宪法意识。

③ 重视自己在宪法中的权利，忽略宪法规定的公民义务。

④ 不理解宪法精神，对宪法缺乏维护意识和宣传意识。

3. 教育目标

（1）通过学习宪法，了解宪法的性质和基本内容。

（2）培养公民意识，树立权利与义务相统一观念，养成遵守宪法的习惯。

（3）了解宪法精神，增强宪法观念，自觉维护宪法尊严。

4. 教育方法

同伴互助法、思辨探讨法、案例分析法。

5. 设计思路

表5-1

环节	设计意图	时间
知宪	了解宪法知识	10分钟
明宪	培养公民意识	15分钟
悟宪	感悟宪法力量	10分钟
行宪	维护宪法尊严	10分钟

二、活动准备

1. 教师

（1）准备宪法宣誓本、《我爱你，中国》小提琴独奏音乐。

（2）准备青少年法制教育案例、热点社会新闻、网络图片素材等。

（3）确定讨论的话题。

2. 学生

（1）阅读宪法全文。

（2）以小组为单位完成宪法思维导图。

（3）准备宪法知识抢答竞赛。

三、实施过程

导入：播放《我爱你，中国》音乐，手执《中华人民共和国宪法》。

列宁曾说：宪法，就是一张写着人民权利的纸。劳伦·却伯曾说：宪法是一个无穷尽的、一个国家的世代人都参与对话的流动的话语。那么宪法与我们之间到底是什么关系呢？这就是本节课我们探讨的内容。

设计意图：通过音乐渲染，展示《中华人民共和国宪法》，感受其威严与庄重，教师利用政治家、法学家对宪法的总结，提出疑问，引发思考，导入主题。

环节一：知宪——如水润心田（10分钟）

1. 宪法故事知宪法

教师播放视频：《宪法故事——毛主席和五四宪法》

大致内容：宪法由毛泽东主席带班起草——三次大规模群众性讨论——根据民意修改——人大第一次会议通过。

教师提问：我国宪法是如何诞生的？为什么要历经持续多月的全民大讨论？

学生回答，明确：宪法的诞生是毛泽东主席和他率领的领导班子与广大人民群众共同努力的结晶；体现人民意志，保障人民权利。

2. 宪法伴我一生行

教师展示表格并解说：

表5-2

我	宪法	相应法律
出生	父母有抚养教育未成年子女的义务（第四十九条）	《婚姻法》
上学	中华人民共和国公民有受教育的权利和义务（第四十六条）	《义务教育法》
自由	中华人民共和国公民的人身自由不受侵犯（第三十七条）	《民法》
工作	中华人民共和国公民有劳动的权利和义务（第四十二条）	《劳动法》
结婚	婚姻、家庭、母亲和儿童受国家保护（第四十九条）	《婚姻法》
退休	退休人员的生活受国家和社会的保障（第四十四条）	《劳动法》
生病	国家发展医疗卫生事业，保护人民健康（第二十一条）	《医疗法》

教师提问：请同学们说一说，宪法与我们、与普通法律有什么关系？

学生结合表格内容，发表看法。

教师小结：宪法并不是单独存在的，它一直默默守护着我们，与我们的成长、生活息息相关。宪法规定生活中最根本、最重要的问题，而普通法律大多只规定生活中某一方面、某一领域的问题。

3. 思维导图学宪法

小组展示课前作品——宪法思维导图。

教师启发学生思考：宪法包括哪些内容，有什么特点？

学生小组谈论，发言。

明确：宪法包括国家政治、经济、文化制度，公民的基本权利和义务，国家机构，宪法保障等七个内容；宪法具有最高的法律效力，修改比普通法更严格。

设计意图：通过视频、表格、思维导图等方式，将庞杂的宪法知识进行整合，帮助学生了解宪法的性质和基本内容，明确宪法是国家的根本大法。

环节二：明宪——如尺权言行（15分钟）

教师：我们学习了宪法的知识，可是在实际生活中，却经常有人违反法律而不自知，如何避免这种情况呢？大家先来看看案例。

1. 明确法律与道德的界限

案例：

（1）同学小华由于成绩不好，初二下学期辍学南下打工。

（2）小瑞上学期间结识了社会朋友，作威作福，要求同学请客买饮料，不服就会“给点颜色”。

（3）小娟与小茹是好闺密，却因爱慕同一名男生产生矛盾，小娟说很多侮辱小茹的话。

教师：大家讨论一下，这些行为违法了吗？

学生小组讨论，发表自己的观点。有人认为自愿退学不违法，打架属于违反校纪；有人认为辱骂属于朋友之间交往的问题；也有人认为违法。

教师明确：以上三种行为都涉嫌违法，即使是自愿退学也涉嫌违反《义务教育法》《未成年人保护法》《治安管理处罚法》。

教师：怎样可以避免在无知的情况下触犯法律？

学生回答。

教师小结：避免犯法的前提是学法、知法、懂法，在此基础上，我们还需增强法律意识，严格要求自己，做到守法。

2. 明白权利与义务的统一

（1）全班抢答

① 宪法赋予了中国公民哪些权利？

② 宪法要求中国公民应履行哪些义务？

③ 哪些既是权利又是义务？

学生抢答，记分员计分。

小结：权利包括人身自由、人格尊严、通信自由和通信秘密、言论、劳动权、休息权、男女平等权等；义务包括维护国家统一，遵守宪法和法律，尊重社会公德，维护祖国安全、荣誉和利益，服兵役，纳税等；义务教育和劳动既是权利又是义务。

（2）展示图片

图片内容：一位农民挑担子，一头是权利，一头是义务。

图5–2

教师引发思考：你从中得到了什么启示？

学生小组交流。

明确：没有无义务的权利，也没有无权利的义务。作为中国公民，我们既要依法享受权利，也要履行法律规定的义务。

设计意图：通过身边的案例分析，明确知法懂法的意义；通过知识抢答，学习宪法中的权利与义务；通过图片探讨，明确权利与义务的统一性，培养公民意识。

环节三：悟宪——如顶护家园（10分钟）

1. 沐浴宪法阳光

教师展示照片：边防战士守边疆、消防战士救火场、巡逻警察护平安、扶贫村干部领致富等。

教师引导：是什么让我们生活在平安、幸福的家园？

学生讨论发言。

小结：岁月静好，是因为有人在默默地负重前行，宪法指引下的英雄们，用自己的血与汗，保卫祖国安宁、社会稳定，带领人民富强。

2. 感受宪法的力量

PPT展示一组数据：

习近平总书记指出：“全面建成小康社会、实现第一个百年奋斗目标，农村贫困人口全部脱贫是一个标志性指标。”为了实现这个标志性指标，全国的县、乡、镇机关干部下沉一线、走村入户，精准发力、苦干实干，最终取得了前所未有的巨大成就。贫困人口从2012年底的9899万人减到2019年底的551万人，贫困发生率由10.2%降至0.6%；2013年至2019年，832个贫困县农民人均可支配收入由6079元增加到11567元，年均增长9.7%。全国建档立卡贫困户人均纯收入由2015年的3416元增加到2019年的9808元，年均增幅30.2%。10.8万所义务教育薄弱学校办学条件得到改善，农网供电可靠率达到99%，深度贫困村通宽带比例达到98%，960多万贫困人口通过易地搬迁摆脱了困境。

这意味着我国提前10年实现了联合国2030年可持续发展议程的减贫目标。联合国称赞“世界上没有哪一个国家能在这么短的时间内帮助这么多人脱贫，这对中国和世界都具有重大意义”。

教师提问：为什么我国脱贫攻坚战的举措被称赞为“世界上没有哪一个国家能在这么短的时间内帮助这么多人脱贫”？这组数字的背后是什么力量支撑？

学生集体讨论。

师生总结：中国在脱贫攻坚领域取得的前所未有的成就，充分彰显了中国共产党领导下的中国特色社会主义制度的显著政治优势。我国人民上下一心、众志成城，在脱贫任务面前更加团结、更加强大，这是其他国家无法比拟的。

设计意图：通过4张照片、一组数据，让宪法精神、宪法力量可见、可感，从而让学生了解宪法精神，感受宪法力量。

环节四：行宪——如灯照未来（10分钟）

1. 建宪法护航组

班级以小组为单位，建宪法护航小组；通过专项学习，结合校纪校规，完成各领域的宪法护航。主要责任包括提供咨询服务，在同学出现错误言行时及时提示。分组为：

课堂护航：课堂纪律、师生对话、学习态度……

课间护航：卫生劳动、课间活动、同学交往……

网络护航：网络语言、网络传播、网络文明……

班委护航：班委权责、权力行使、投诉举报……

2. 颁“宪法卫士”奖

根据讨论发言和抢答积分，评选4名“宪法卫士”，并领任宪法护航组组长。“宪法卫士”进行简短就职演讲。

3. 教师总结

宪法，在祖国尊严里，在民族自信里；宪法，在收获的喜悦里，在明天的希望里；宪法，在国家的富裕里，在社会的安宁里；宪法，在我们的生活里，在伟大复兴的“中国梦”里。有了宪法，我们的未来才有期待，让我们做宪法的守护者、践行者！

4. 全班宣誓

在老师的领读下，全班同学庄严宣誓，在激昂的宣誓声中结束班会。

我宣誓：忠于《中华人民共和国宪法》，维护宪法权威，履行法定职责，忠于祖国、忠于人民，恪尽职守、廉洁奉公，接受人民监督，为建设富强、民主、文明、和谐、美丽的社会主义现代化强国努力奋斗！

设计意图：通过榜样激励大家学习宪法，利用宪法护航组在学习生活中培养公民意识、增强宪法观念，自觉维护宪法的尊严。宣誓仪式表明遵守宪法的决心，并接受宪法监督。

四、课后拓展

（1）编辑宣传宪法的诗歌、文章、视频投稿校园网。

（2）定期开展宪法护航组总结汇报会。

（3）积极参加学校举办的模拟法庭。

五、班会总结

通过本次班会，学习宪法，了解宪法的性质和基本内容，加强法制教育宣传，培养学生公民意识。让学生养成学法、懂法、依法办事的好习惯，有效地树立学校良好的学风，维护社会的稳定，为将来步入社会成为社会主义合格公民奠定基础。

6

第 六 篇

引战工匠国潮
享百味民族文化

植入红色基因　传承红色文化

一、总体构想

1. 教育背景

（1）改革开放以来，我国经济飞速发展，国力不断增强，人民生活水平大幅提高。与此同时，在全球化的浪潮中，西方的文化思潮、价值标准蜂拥而入，在一定程度上取代了青少年对自身传统历史文化的反思，在意识形态和精神文明领域，红色文化淡化和模糊了。

（2）2019年11月，中共中央办公厅、国务院办公厅印发的《新时代爱国主义教育实施纲要》指出：爱国主义是中华民族的民族心、民族魂，是中华民族重要的精神财富，是中华民族维护民族独立和民族强大的精神动力。新时代爱国主义教育要面向全体人民，聚焦青少年。培养爱国情怀，要把青少年作为爱国主义教育的重中之重，将爱国主义精神贯穿学校教育全过程，推动爱国主义教育进课堂、进教材、进头脑。

（3）红色是中华人民共和国的底色。为了认真落实立德树人的教育目标，促进学生践行社会主义核心价值观，我校精心挖掘"红色文化"中的经典题材，通过实践体验的教育方式，引导中职生树立崇高的理想信念，并使之对学生的学习态度、学习方法、价值取向等产生积极影响。

2. 学情分析

（1）召开基础。本班学生缺乏理想信念，缺乏斗志，追崇生活，认为"红色"就是保守、落后的代名词。

（2）召开必要。青少年阶段是一个人成长中非常重要的时期，这一阶段的思想开始趋于成熟。用革命先辈的英雄事迹教育学生，能够增强学生的爱国情感，坚定理想信念，使红色基因渗进血液、融入血脉。

3. 教育目标

（1）通过阅读红色经典故事，了解中国共产党的艰苦历程，感受革命者抛头颅、洒热血的革命气概。

（2）通过讲述红色故事、学唱红色歌曲、参观红色革命基地，深入了解红色知识和历史。

（3）制订志愿服务活动计划，通过实际行动传承红色文化。

4. 教育方法

案例教学法、合作学习法、情感陶冶法。

5. 设计思路

本次班会以“植入红色基因，传承红色文化”为主题，通过“诵读红色经典，提升红色信念——学习红色文化，唱响红色旋律——走进红色基地，缅怀革命先烈——继承红色事业，争当红色先锋”四个环节开展主题班会。

二、活动准备

1. 教师

（1）在图书角准备红色故事书籍。

（2）准备影音视频等相关资料。

（3）准备志愿卡片。

（4）准备红色知识调查问卷。

（5）带领同学们参观我市革命纪念馆。

2. 学生

（1）阅读红色书籍。

（2）分成4个小组，收集资料：红色故事、革命故事、英雄人物、红色文化基地、红色活动、红色歌曲等。

（3）完成红色知识调查问卷。

三、实施过程

导入：PPT展示班会课前作的《红色知识知多少》调查问卷的数据及分析结果。问卷答题结果表明，同学们对于典型的红色历史事件、历史人物有一定了解但不够全面。简答题“伟人们、烈士们的精神令我们感动，作为社会主义的接班人，应该用怎样的实际行动继承和发扬这种精神”，大部分同学的答案

是“好好学习”，极少同学写出具体措施，缺乏深入的思考。

设计意图：引导同学们进一步掌握共青团的基本理论和基本知识，从知识竞赛中了解党团史，坚定共产主义信念。分析同学们对于红色文化的了解情况，有针对性地开展班会。

环节一：诵读红色经典，提升红色信念

活动：分享红色故事，追忆英雄人物（播放PPT）

《红岩》故事简介：1948年，解放战争正以雷霆万钧之势向前推进。重庆正处于全面包围之中，盘踞在这里的国民党进行着垂死的挣扎，而被关押在“中美合作所”集中营里的共产党人同他们展开了一场胜利前的殊死搏斗。故事真实再现了新中国成立前夕光明与黑暗进行最后决战的艰巨历程，揭露了敌人的极端凶残和色厉内荏的本质，歌颂了革命志士为真理而斗争的坚强意志和大无畏精神。红色记忆：江姐，“竹签子是竹子做的，共产党员的意志是钢铁铸成的！”

《鸡毛信》故事简介：抗日战争时期，12岁的儿童团团长海娃，他的任务是一边放羊，一边放哨，若发现敌人，就给村里人放信号。海娃的父亲是民兵中队长。有一天，父亲让他送一封有关攻打敌人炮楼的“鸡毛信”给八路军。海娃以放羊作掩护，带信上路。海娃机智勇敢地与鬼子周旋，最后诱敌负伤，终于完成任务，成为小英雄。红色记忆：海娃，放羊娃娃负重任，发挥才智显神通！

《林海雪原》故事简介：描写的是解放战争初期东北剿匪的战斗。1946年冬天，东北民主联军一支小分队，在团参谋长少剑波的率领下，深入林海雪原执行剿匪任务，侦察英雄杨子荣与威虎山座山雕匪帮斗智斗勇。红色记忆：杨子荣，智取威虎山。

《董存瑞》故事简介：董存瑞，1929年生于河北省怀来县的贫苦农民家庭，1945年7月参加八路军，1947年3月加入中国共产党。1948年5月25日，在解放河北隆化的战斗中，董存瑞所在连队负责守军防御重点隆化中学。据说，在冲锋时，连队遭到一个桥型暗堡的猛烈火力封锁。董存瑞便抱起炸药包，准备进行爆破。冲至桥下后，发现桥型暗堡距地面过高，也没有地方可以放置炸药包。董存瑞便用手托起炸药包，拉燃导火索，与暗堡同归于尽。红色记忆：董存瑞，举手擎天为胜利，取义成仁真英雄！

教师提问：分析这4个红色故事展现了一种什么精神？

学生自由发言。

师生达成共识：江姐、海娃、杨子荣、董存瑞……每一个熟悉的名字背后都是一个个经典的红色故事，还原了真实的革命历史与红色记忆。抗战时期的日子是异常艰苦残酷的，今天的美好生活是用革命先辈的鲜血换来的，我们应该珍惜现在来之不易的好时光。

环节二：学习红色文化，唱响“红色旋律”

活动一：学习红色文化，传承红色精神

分小组讲一讲我市的革命故事、英雄人物、红色文化基地和红色活动。

讲述连云港革命故事组：“连云港保卫战”“赣榆战役”“小沙东海战”“黄安舰事件”“伞兵三团起义”等。

讲述连云港出现的英雄人物组：“青口十八勇士”、卢锡勤、朱仲琴、杨光銮等。

讲述连云港红色文化基地组：连云港市革命纪念馆、“开山岛夫妻哨”事迹陈列馆、赣榆抗日山烈士陵园、安峰山烈士陵园、灌云县烈士陵园、灌南人民革命纪念馆、灌南县烈士陵园、连云港市军史馆、三元宫革命会议遗址等。

讲述连云港红色活动组：“红色小讲解员”“信仰之旅”“小推车志愿服务”“东海少儿版画”等。

设计意图：通过讲述我市的革命故事、英雄人物、红色文化基地和红色活动，同学们能更深入了解本市的红色历史，增强民族自豪感。

活动二：唱响“红色旋律”，抒发爱党情怀

教师：大家说一说听过或者会唱的革命歌曲，讲讲歌曲里的内容、背景或故事，然后集体投票选择一首歌学唱。

学生讨论：

歌曲《在希望的田野上》

“我们的家乡，在希望的田野上……”

歌曲背后的故事：折射农村改革。党的十一届三中全会后，中国的改革从农村掀起，表现农民发自心底的喜悦和农村巨变的美好景象，这是一首记录这一段伟大历史的歌曲。

歌曲《八月桂花遍地开》“八月桂花遍地开，鲜红的旗帜竖起来……”

歌曲背后的故事：具有浓郁的老苏区革命民歌色彩，不仅广泛流传于江西中央苏区，在大别山鄂豫皖革命根据地也十分流行，表现了老革命根据地人民欢庆胜利、欢欣鼓舞的美好心情。

歌曲《唱支山歌给党听》

“唱支山歌给党听，我把党来比母亲……”

歌曲背后的故事：1963年，全国掀起了向雷锋学习的活动高潮。《唱支山歌给党听》就是在这次高潮中产生的一首优秀歌曲。它的歌词节录于《雷锋日记》，是雷锋从报上摘记的一首诗，作者为陕西铜川矿务局焦坪煤矿的职工姚晓舟（笔名蕉萍）。作曲家朱践耳将其谱成山歌风味的独唱曲，作为故事片《雷锋》的插曲，由胡松华首唱。

歌曲《山丹丹开花红艳艳》

“一道道的那个山来呦，一道道水……”

歌曲背后的故事：描绘了中央红军到达陕北的革命历史史实。这段历史之所以重要，是因为从那以后，中国革命的重心从南方移到了西北。西北成了中国革命的大本营，延安成了中国革命的圣地。全国人民在中国共产党领导下，从胜利走向胜利，直至建立新中国。

设计意图：红色歌曲大都是当时历史实践的产物，它是当时革命实践的真实写照。红色歌曲脍炙人口，便于记忆，可以增加同学们对那段革命历史的记忆。

环节三：走进红色基地，缅怀革命先烈

活动一：“忆一忆”

回忆同学们参观我市革命纪念馆的情景，总结革命精神。

通过数字纪念馆VR虚拟再现馆内场景：

图6–1

市革命纪念馆成立于1987年6月，原址为建于1925年的陇海公寓，是国务院原副总理谷牧等老一辈无产阶级革命家早期在连云港地区从事革命斗争的秘密基地。作为中共江苏省委、市委庆祝建党90周年的献礼工程，市革命纪念馆新馆于2011年7月1日正式建成并向社会免费开放。包括基本陈列展、“陇海公寓”复原、国防园、各类专题展览、老电影欣赏、红色旅游文化展示中心等。

市革命纪念馆基本陈列为五四运动时期展厅、土地革命时期展厅、抗日战争时期展厅、解放战争时期展厅、“社会主义建设时期的连云港”展厅。基本陈列以图片和实物为基础，辅以油画、雕塑、复原景观、3D电影等展示手段，生动再现了我市宏伟壮丽的革命斗争历史和社会主义建设史，重点展示了“连云港保卫战”“赣榆战役”“小沙东海战”“黄安舰事件”“伞兵三团起义”等革命事件和刘少奇、陈毅、罗荣桓、徐向前、谷牧、李超时、符竹庭、刘瑞龙、吕继英、江上青等革命前辈的战斗事迹，讴歌了连云港人民保卫家园、争取解放、英勇奋战的大无畏精神，表现了连云港从一穷二白、百废待兴走向欣欣向荣、繁荣富强的发展历程。

活动二：“说一说”

小组派代表分享观后感。

师生达成共识：我们应当继承和发扬革命英烈不畏艰难、勇于献身的革命精神。

设计意图：通过参观、学习，体会革命烈士的艰辛，激发同学们的爱国主义精神，树立正确的人生观和世界观，珍惜来之不易的幸福生活。

环节四：继承红色事业，争当红色先锋

活动一：“看一看”

观看视频《“小推车”志愿服务》。

71年前，10万港城人民用小推车把军需物资送往前线，北上孟良崮战场，西进淮海战役，南下渡江作战，将革命的圣火推向全国。“小推车”精神的内核是坚韧、牺牲、奉献和忠诚，是红色、传承和前行。71年后，小推车志愿者协会注册志愿者超千人，他们中有党员干部、部队官兵，也有教师学生、烈士子女，其中13岁以下的小志愿者近50人。协会年均开展各类志愿服务活动上百场，累计志愿服务时长超4200小时，免费讲解600场次，接待观众数以万计。协会秉承“跟党走、不忘本”的小推车精神，积极开展文化宣传、参观导引、扶危济困等志愿服务。走访三县三区实地调研，携手医疗单位、爱心团队，常年帮扶抗战老兵、烈士家属98人；创作“我心中的‘小推车’”“不忘初心跟党走”等20部短视频、情景剧、广播剧，宣讲港城红色故事；深入农村社区、部队学校，组织授课、演出观影，开创教育新模式，确保周周有讲解，月月有活动，逾万人次直接参与，实现志愿服务常态化、全域化。

师生共同讨论：沿着历史深处的车辙印，作为新时代的青年我们应该怎么做?

师生达成共识：“小推车”公益志愿服务，如星星之火迅速燎原，带着

光和热温暖着这座城市，积极推进我市精神文明建设，也激励着同学们成为有理想、有担当、有本领的时代新人。

活动二："填一填"，分组编写志愿服务活动卡

表6-1

志愿服务活动卡					
活动时间	活动地点	活动内容	参加成员	组长	组别

设计意图："小推车"精神是港城红色文化的重要象征，作为红色文化的传人，应拿出实际行动，从点滴小事做起，做红色基因的传承人，继承和发扬红色公益。

四、总结拓展

（1）教师总结。红色经典蕴含着广泛深厚的民族精神，是时代精神不可或缺的重要组成部分，是中华民族的民族魂。传承红色经典，学习红色文化，是广大中职生的历史使命和时代责任，让我们以史为鉴，不忘初心，振兴中华。

（2）课外拓展。

① 落实志愿服务活动卡，可以组织同学们利用所学专业知识进行机电产品维修。

② 制作《植入红色基因，争做红色传人》微视频。

③ 开展"红色护照集章"活动，确定学期寻访地后发布寻访任务，参观展览馆、纪念馆、博物馆、烈士纪念碑等，"红色护照集章"群内打卡。

④ 每月开展一次红色故事宣讲会，播放一次红色老电影。

五、教学反思

基因具有复制、传递、遗传的作用。党的十八大以来，习近平总书记多次强调，要把理想信念的火种、红色传统的基因一代代传下去，让革命事业薪火相传、血脉永续。党的十九大的胜利召开，更为我们新时期的德育工作指明了方向。通过红色教育活动，使中职生了解到，在艰苦卓绝的斗争环境中，革命者为了理想不畏艰难，奋勇战斗取得胜利的精神之伟大，激励并培养中职生追求理想、百折不挠、战胜困难的精神。

悦读万卷书　畅行万里路

一、总体构想

1. 教育背景

（1）党的十九大报告中强调，要推动建设学习大国。读书学习不仅关系到一个人的成长和成才，也关系到一个政党、一个国家、一个民族的进步和发展。书籍是人类进步的阶梯。习近平总书记曾说过："读书可以让人保持思想活力，让人得到智慧启发，让人滋养浩然之气。""人民群众多读书，我们的民族精神就会厚重起来、深邃起来。要提倡多读书，建设书香社会。"中职学校学生要成为高素质技能型人才，不仅需要以技立身，更需要好书润心，以阅读乐人生，以匠心精技艺。

（2）中职学校学生把专业技能的学习当成谋求生活的饭碗，认为自己能力有限，未来也只是普通岗位上平凡的一员，做不成什么大事，不需要费脑筋读太多书。其实读书不仅是认识和把握世界的一种重要方式，更是改造世界、实现更好生活的理论工具，在成长过程中的每一个困难面前，书本知识可以为解决问题提供必要的帮助，每个人都可以从自身实际出发，从书籍中获得爱自己、爱他人、爱国家的能量与担当。

2. 班情分析

虽然班级有同学喜爱读书，但阅读的种类大多为打发时间的消遣，缺乏怡情养性的阅读热情，和思考分析的阅读能力，缺失自我辨析与反思总结的知行合一的阅读习惯。通过调查问卷显示，学生主要存在以下几方面的阅读问题：

（1）寻求"刺激化"：沉迷于手机网络带来的声像影音刺激，对白纸黑字所蕴含的七彩世界不甚关注，长期受到网络资源中"短、闹、快"的信息刺激，沉不下心来感受书香墨韵的魅力，阅读的激情逐渐退化，阅读的兴趣逐步降低。

（2）思想“空虚化”：由于长期依赖网络工具来获取信息，学生易把信息当知识，养成人云亦云的惰性，读书时大多有口无心，缺乏思考和辨析的习惯，思维单一。

（3）行动“无力化”：没有经历自我反刍的阅读，难以点燃智慧的火花，更谈不上思维的灵活与前瞻，从而导致学生缺乏实践的自我内驱力。

3. 教育目标

（1）从“消遣”到“消化”。了解阅读的内涵，认识阅读的重要性，形成积极向上的读书观。

（2）从“务外”到“内修”。通过活动和讨论，在阅读中寻找榜样，在书香中修炼自己，从书籍中获得解决问题、提升自我的能力。

（3）从“阅读”到“悦生”。通过班会活动，明白读书也许不能完全决定一个人的命运，但至少可以充实人生。即便是平凡的人生，即使只是在普通的岗位上，也可以通过阅读形成悦己悦人的正能量，通过阅读提高职业素养、提升专业技能。

4. 教育方法

榜样示范法、分析归纳法、同伴互助法、思辨探讨法、案例分析法。

5. 设计思路（班会课实施流程图）

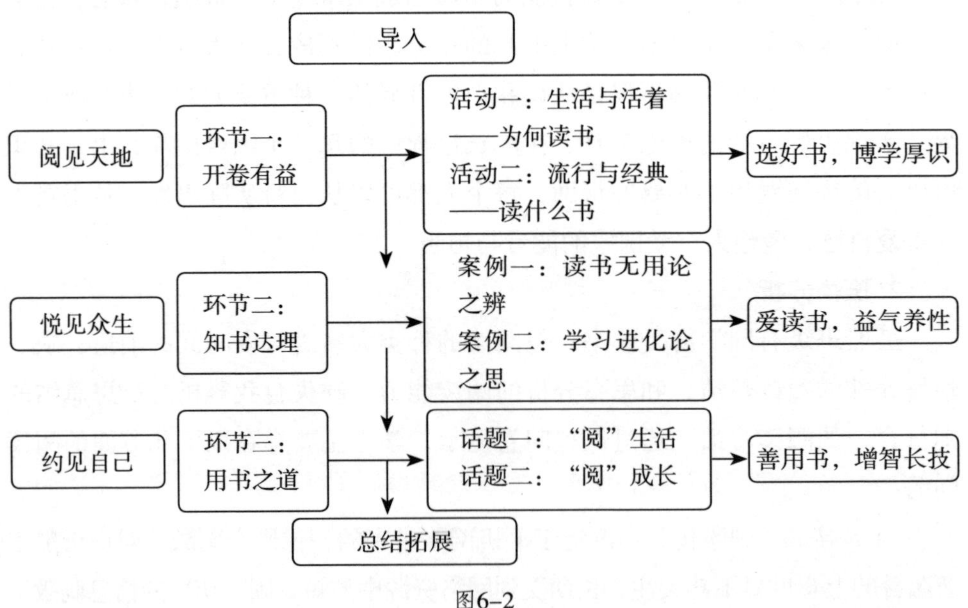

图6–2

以“悦读万卷书，畅行万里路”为主题，主要按照“开卷有益——知书达理——用书之道”三个环节，结合专业特色，开展主题教育活动。通过体验、讨论和分享等活动来体验阅读的益处、领悟阅读的真谛，养成阅读的习惯，以阅读万卷书来畅行万里路。

二、活动准备

1. 教师

（1）准备《朗读者》素材、新闻视频、各色卡纸等。

（2）收集北大毕业生卖猪肉、拾荒老人读书等相关案例。

2. 学生

（1）课前查阅家乡旅游景点的相关文学、文献资料。

（2）布置教室，营造氛围。

（3）准备彩色纸笔。

三、实施过程

导入：古人读书“三上”故事介绍。

内容简介：欧阳修有“余平生所作文章，多在三上，乃马上、枕上、厕上也。盖惟此尤可以属思尔”。从此，“三上”成了读书人津津乐道的故事。

教师：此“三上”，清静自在，无人打扰，可以安安静静地读书作文。虽地点看起来有些不雅，时间也比较零碎，但只要抓紧时间，总能有所收获。

设计意图：通过名人故事引发学生思考，你是如何度过闲暇的呢？为下面讨论读书的意义作铺垫。

环节一：开卷有益——选好书，博学厚识（10分钟）

活动一：生活与活着——为何读书

（1）播放视频。

① 拾荒老人韦思浩每周都会去杭州图书馆读书，每次入馆，他都认真洗好手；阅读时，他总会仔细卷起袖口，用里衣包住外衣那层，露出干净部分。2014年这一幕被媒体镜头捕捉到，引发热议。

② 在2018年4月4日播出的《中国诗词大会》节目中，随着第三季节目收官，总冠军也应运而生——雷海为，但他的身份却让很多人感到意外。雷海为是一个普普通通的外卖员，却在冠亚军对决中击败北大才子彭敏，一举夺冠。

节目播出后引发线上线下众多人讨论，其中不乏一些不和谐的声音，甚至有不少网友留言宣称：读书再多又怎样？冠军又如何？还不是一个送外卖的？

（2）教师启发学生思考。

视频里的“阅读者”都是谁？为什么生活艰辛依然坚持阅读？你如何看待网友们对他们的评论？

（3）学生观看，思考，发言。

师生明确：视频里的“阅读者”是拾荒老人，是外卖小哥。他们是普普通通的劳动人民。即使身处困境，依然抱有读书的热情，因为人生需要通过自己的努力来改变。网友的评论只停留在活下去的物质层面，忽视了享受生活的精神力量，阅读不一定能飞黄腾达，却能给我们更多自主选择的机会，能充实我们的生活、提升生活的质感、拓展生命的宽度。

活动二：流行与经典——读什么书

（1）教师提问。

那么，读什么样的书能让我们感到充实和满足呢？

（2）学生分组讨论。

对课前收集和整理的资料进行交流，完成“三味书屋”书籍分类小游戏，并得出结论：

表6-2

读书之味		读书之法		读书之用	
五谷饱腹		浅尝辄止		怡神旷心	
五畜强体		细细品味		增趣添雅	
五果增益		反复咀嚼		长才益智	

学生讨论明确：学生在完成游戏的过程中认识到，无论是流行畅销书还是经典名著，都应择其善者而从之，就像赫尔曼·塞黑曾说过的，世界上的任何书籍都不能带给你好运，但是它们能让你悄悄成为你自己。

设计意图：运用产婆术及心理学上的抛锚理论，在分析事实过程中一步步深入挖掘问题。通过事实，倾听普通人的阅读历程；通过游戏，讨论明确真实的内心，在思考与活动中强化班会主题。

环节二：知书达理——爱读书，益气养性（15分钟）

案例一：读书无用论之辨

观看北大毕业生卖猪肉的视频访谈

陆步轩，西安长安人，是1985年长安区的文科状元，北大高才生。但毕业后，却选择了卖猪肉这个几乎不需要任何技术含量的活儿，被人嘲笑"读书无用"，但16年后，他却靠卖猪肉，拥有了18亿身家，还给母校捐了9亿。

案例二：学习进化论之思

"冰花男孩"：2018年在网络上爆红的"冰花男孩"，家距离学校很远，却在当时气温已达零下9摄氏度的严寒天气，依旧赶路上学，到教室时已是满头雪花，双手也冻得红肿皲裂……

"希望工程大眼女孩"：受"希望工程"资助的大眼睛女孩苏明娟，通过努力学习考上了大学，现已成为银行白领，她直言是读书改变了自己的命运。

教师提问：读书真的无用吗？你们通过学习，和以前的自己有何不同？

学生思考，集体讨论。

教师正面引导：社会上有不少人秉持读书无用论的想法，其实读书的成就并不是唯成绩和利益至上，而是在面对人生的困难时，我们能够拥有自我解决问题的能力、自主选择结果的权利。

设计意图：在真实的案例中分析问题，学生在讨论中明辨是非，形成自己的思考和理解。

环节三：用书之道——善用书，增智长技（15分钟）

活动一："阅"生活

（1）人生中的"小人物"，生活中的"大智慧"。

播放视频资料：人生中面对不同问题，不同人会有不同的情绪反应和处理方法，事态发展的结果也大相径庭。例如，张朝阳在2012年初的时候被医生诊断为抑郁症，但他并没有自暴自弃，而是大量阅读脑科学、心理精神方面的书籍，研究各种宗教、脑科学、哲学等等，通过阅读研究，张朝阳慢慢地从自己的知识逻辑体系中走了出来。

（2）全班思考，学生小组交流，畅谈心理感受。

学生明确：通过阅读，能够提高我们的预判能力、情绪管理能力及换位思考能力，只有阅生活，才能悦人生。

活动二："阅"成长

（1）教师提问

如何在阅读中提升自己的专业能力？

阅读和我们的专业有关吗？

如何通过阅读来提升我们的专业能力？

（2）学生畅所欲言，师生探讨。

2019年，国家将文广局和旅游局合并，再次说明了旅游专业需要更深厚、更持久的文化素养滋养，文化内涵是不可复制、无法替代的。有了文化内涵的传承发扬，才有专业发展的丰富和完善，才有专业技能的充实饱满。阅读是一生永不停歇的呼吸，因此，要坚持阅读与成长相结合，使专业特色与文化精髓全方位融合。

设计意图：通过阅读，让学生从行动上积极拓展自身的专业技能，认识到阅读是终生所需的职业技能。有诗和远方的人，人生不会寂寞，书香墨韵的社会，发展会越来越强大。

四、课后拓展

（1）在班级征集“最美家乡”导游词。

（2）邀请往届技能大赛获奖学生参与交流讲座。

五、预期效果

通过本次班会，学生认识到阅读不仅是消遣时间的方式，更是引领精神的明灯。在阅读中怡情养性、增智长技，能在专业学习和个人成长的道路上努力成为更好的自己，共阅读，同跃进。

线上“主播”热潮　线下工匠“国潮”

——专业打造硬核“主播”，技能引领“国潮”未来

一、总体构想

1. 教育背景

（1）新时代经济的快速发展促进了社会的多元化发展，“主播”现象也

随之应运而生。互联网信息一日千里，网民不断更迭，无内涵的“主播”不能引领大众的思想追求，更无法满足人们追求梦想的心理。“主播”不能只顾“红”而忽略了品质，要从专注流量转化为提高质量，进而更好地满足人们对美好生活追求的需要。

（2）学校要正确引导新时代青少年对“主播”的认知，结合当代需求，将职业技能的学习和发挥演变出新认知、新风尚；用强烈的责任意识与扎实的专业技能潜心打造更多富有创意、品质精良的产品，用技能引领“国潮”未来，成为有专业内涵的真正“主播”。

2. 班情分析

（1）基本情况。

我班学生为计算机一年级学生，处于专业学习的初级阶段。对于专业技能的学习，大部分学生有感兴趣与畏难并存的矛盾心理。不少学生喜欢刷抖音、看直播，崇拜一夜成名的“主播”。

（2）具体表现。

① 迷茫的人生观。对专业学习中的困难消极回避，缺乏坚持和奋斗的精神，重视眼前现实利益，没有远大的目标。

② 浅薄的价值观。职业理想化，重视就业环境与金钱报酬，轻视体力劳动，存在侥幸暴富心理，甚至认为读书无用，认为只要稍微会点儿才艺就可以当“主播”、赚大钱。

③ 单一的世界观。职校一年级学生处于人生成长阶段，明辨是非的能力较弱，易受外界干扰，尤其是良莠不齐的网络信息，易使青少年的世界观形成偏差。

3. 教育目标

（1）厚学。通过现象分析，了解“主播”现象的本质，引导学生对“主播”有深层次的认识。

（2）明辨。通过正反思考，深入剖析“主播”现象的社会根源，明确其具有的两面性。

（3）力行。通过榜样示范，树立争做正能量的新时代“主播”的目标，用专业打造硬核“主播”，用技能引领“国潮”未来。

4. 教育方法

案例分析法、榜样示范法、小组讨论法。

5. 设计思路

根据学生心理成长的规律，通过社会现象分析、热点冲突思考、专家交流分享等过程，引导学生正确认知“主播”这一新型职业的内在要求，通过专业技能的学习，成就自己的“主播”人生。

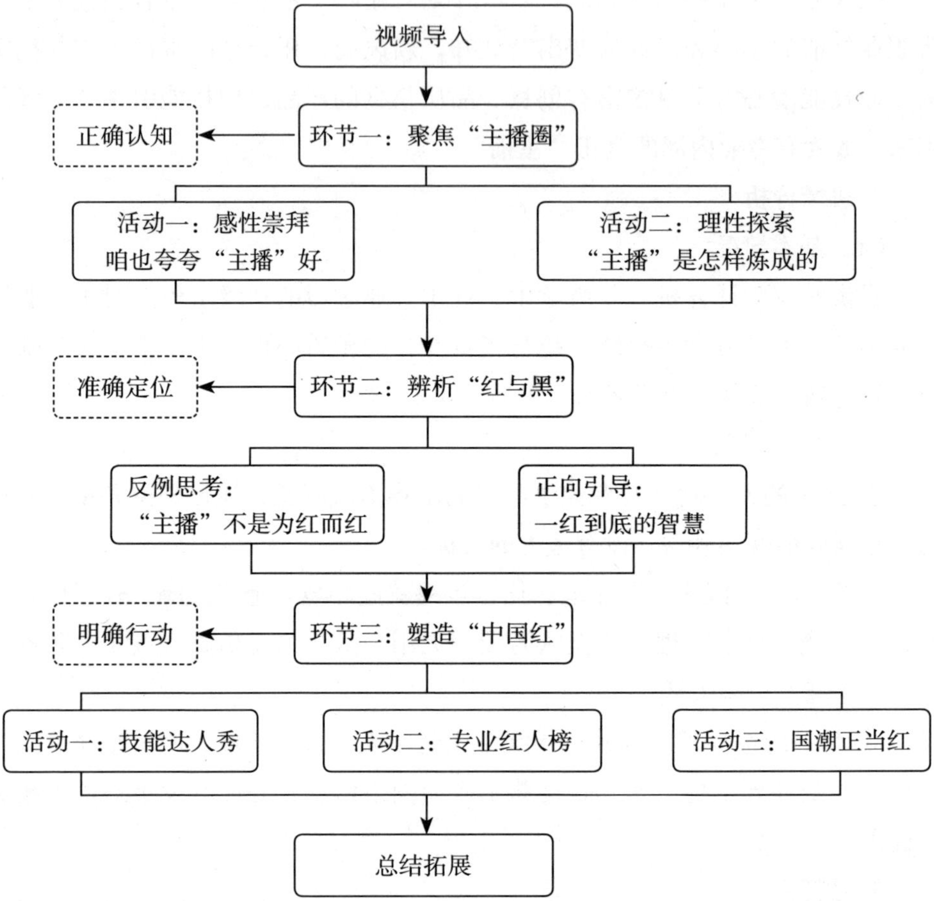

视频导入
↓
环节一：聚焦“主播圈” → 正确认知
- 活动一：感性崇拜 咱也夸夸“主播”好
- 活动二：理性探索 “主播”是怎样炼成的

↓
环节二：辨析“红与黑” → 准确定位
- 反例思考：“主播”不是为红而红
- 正向引导：一红到底的智慧

↓
环节三：塑造“中国红” → 明确行动
- 活动一：技能达人秀
- 活动二：专业红人榜
- 活动三：国潮正当红

↓
总结拓展

图6–3

二、活动准备

教师：准备视频、荣誉证书，邀请技能大赛金牌选手。

学生：准备技能展示，设计思维导图，准备红色卡纸、双面胶等。

三、实施过程

导入：播放视频（2分钟）

（1）视频内容。李佳琦在网络平台直播，一秒卖出上万支口红，“主播”为什么这么红？

（2）教师引导。李佳琦一开始只是一名普通的化妆品专柜销售员，他是怎样利用直播平台，成为带货“主播”秒赚千万的呢？

设计意图：从学生感兴趣的话题入手，激发兴趣，拉近距离，为以下环节的开展作铺垫。

环节一：聚焦“主播圈”（10分钟）

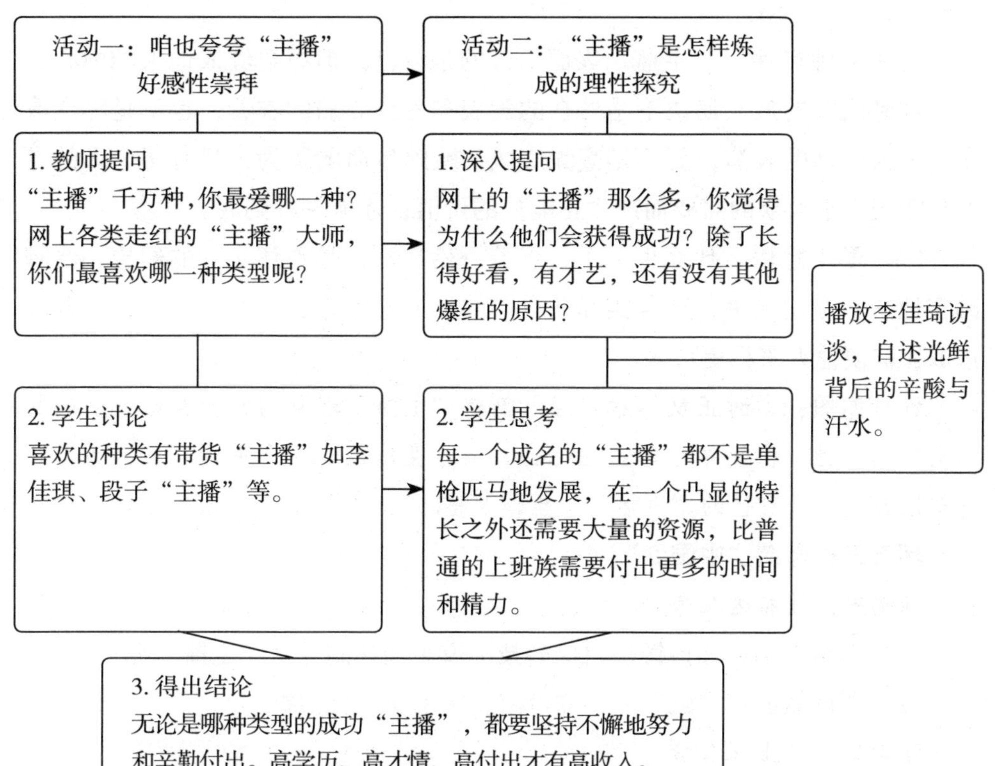

图6–4

设计意图：通过现象分析，学生了解到“主播”这一职业的辛酸与不易，明白任何职业都没有轻而易举的成功。

环节二：辨析“红与黑”

活动一：反例思考——“主播”不是为红而红

（1）热点质疑。播放网络上的不文明直播现象等的相关视频。

（2）学生讨论明确。①要有鉴别真伪的坚守：面对网络上千军万马般的信息洪流，我们要学会理智思考，正确判断，不能跟风盲从；②要有择善而从的坚持，要坚持从自己的专业出发，以想成功的态度去积极学习，以要想成功的目标去努力奋斗，以温暖的心情去关爱同学，以满腔的热忱去锤炼技能。

活动二：正向引导——一红到底的智慧

（1）“主播”榜样。展示抖音上“李子柒红遍国内外”的新闻报道，各地区“县长带货，致力脱贫攻坚”“最美女教师”“最美交警”等各行各业中榜样的视频介绍。

（2）老师点评。“主播”表面上红的是自己，但更要红入他人的内心！“一红到底”的最大秘诀不是外在的美貌和光鲜亮丽的衣着，也不是哗众取宠、博人眼球的表演，更不是毫无底线、践踏生命的行为，只有将个人的专业技能服务于大众的需要而产生正能量的价值，才能一红到底。

（3）学生感悟。什么也不干，想着一夜暴富，是不切实际的幻想，要脚踏实地从本专业入手，结合实际从自身的发展去思考、努力、进取，专业的进取比徒羡他人来得更可靠。

设计意图：通过正反思考，深入剖析“主播”现象的社会根源，明确其具有的两面性，激发学生的内在情感共鸣，在价值取向上更加理智，为下一环节以技能打造自己的“主播”人生作铺垫。

环节三：塑造“中国红”

活动一：技能达人秀

（1）小组展示：如何锤炼自己的技能成为硬核的专业“主播”呢？

（2）明确做法：“红”——立红心，树宏志，弘美德。

活动二：专业红人榜

（1）榜样示范。小组代表展示本组班会课前准备的作品，每组的校园宣传作品都已在校内公众号上推广、投票，已请专业教师进行点评，并选取了部分的留言展示。

（2）获奖学生分享。为了准备作品付出了很多努力，但当得到老师和同学们的认可时，感受到了自身存在的价值，深刻体会到“红”的幸福感更多来源于大家的幸福感。

活动三：国潮正当红

（1）设话题，促思考。

小组讨论：如何精进自己的技能，为“中国红”添砖加瓦？

师生讨论明确：习近平总书记强调：“劳动者素质对一个国家、一个民族发展至关重要。”努力学习各类知识，走技能成才、技能报国之路，为中华民族伟大复兴的“中国梦”提供坚实的人才保障。

（2）定目标，我能行。

教师：要成为专业的硬核“主播”，必须从现在做起，认真思考，填写计划书。

表6-3

姓名		专业“主播”炼成计划
弘德		
宏志		
炼技		

设计意图：通过榜样示范，树立争做正能量的新时代“主播”的目标，用专业打造硬核“主播”，用技能引领“国潮”未来。

环节四：总结与拓展

1. 教师总结

在这个经济飞速发展、生活节奏不断加快的时代，“主播”不能只一红了之，不能为“红”而忽略内涵和品质，应该从关注流量转化为提升质量，要时刻主动学习、积极实践、有效沟通、适时变化。那些能真正脱颖而出一红到底的“主播”，并不是因为他们无底线地博眼球，而是因为红得有内涵、有价值、有品位、有格调。作为新时代的青少年，要以争做正能量的当代“主播”为目标，用专业打造硬核“主播”，用技能引领“国潮”未来。

2. 课后拓展

学生立足技能，展示特长，设计校园最美“主播”风景、校园最美“主播”教师、最美“主播”职校生的海报，在学校公众号展示并投票评选。

四、活动总结

通过本次班会课，引导学生对“主播”有深层次的认知，明确其所具有的两面性，体会到“红”的幸福感更多的来源于大家的幸福感，只有将个人的专业技能，服务于大众的需要而产生正能量的价值，才能成为以技立身、以技强国的国潮“主播”。

品中华百味　养民族正气　享舌尖文化

一、总体构想

1. 教育背景

（1）源远流长的中华饮食文化，是中国传统文化的重要组成部分。随着中国历史发展而发展。中华饮食内涵日益丰富，从食以果腹到美酒佳肴，饮食文化滋养了中华民族的体魄与情怀，弘扬了中华民族的智慧与精神。党的十八大以来，习近平总书记在多个场合，深刻阐述了中华优秀传统文化的价值与意义，认为“中华文化积淀着中华民族最深沉的精神追求，是中华民族生生不息、发展壮大的丰厚滋养”。

（2）中华美食承载的是每一个中华儿女记忆中的亲情与乡愁；中华美食将家乡味、故土情与民族魂，润物无声地与每一个中国人的成长烙印深深融合；作为新时代的青少年，要深化饮食文化的部分内涵学习，深刻体会其蕴含的哲理与精神，深入技能提升与文化传承的实践。

2. 班情分析

（1）基本概况

我班学生为烹饪专业二年级学生，处于专业学习的初级阶段。班级学生能够重视专业学习，但对于文化课包括传统文化的部分不感兴趣，觉得传统文化与专业学习没有太大的关系，可有可无。

（2）具体表现

① 传统文化的距离感：学生多以学习专业学科知识为主，重视专业技能的学习，但文化知识掌握不够、文化素养不高，忽视传承中华优秀传统文化；传统文化的讲授多为课堂上的理论教学，形式和空间上的限制使得学生

无法真正认识到传统文化的内涵与魅力，更谈不上应用。

② 外来文化的冲击：学生正处于青春期，主观上比较容易接受新鲜事物，对网络文化和外来事物充满兴趣，感性冲动，缺乏理性思维。

3. 教育目标

（1）知味。学习饮食文化，体会“一日三餐”承载的家乡味、故土情和人文精神，引发对饮食文化的深层次共鸣。

（2）食意。辨析舌尖现象，剖析“舌尖百态”的社会问题，感悟不同国家的饮食习惯和风俗，激发学生“食之有道”的共情。

（3）炼技。树立榜样示范，坚定文化自信，技能与文化并重，培养新时代高素质技能型人才，达成“技能与文化”的共享。

4. 教育方法

案例分析法、榜样示范法、小组讨论法。

5. 设计思路

根据现状，通过学习饮食文化、辨析舌尖现象、展示技能风采等过程，引导学生认识到技能训练与文化学习不可分割、相辅相成的关系，鼓励学生为成为新时代高素质技能型人才而努力。

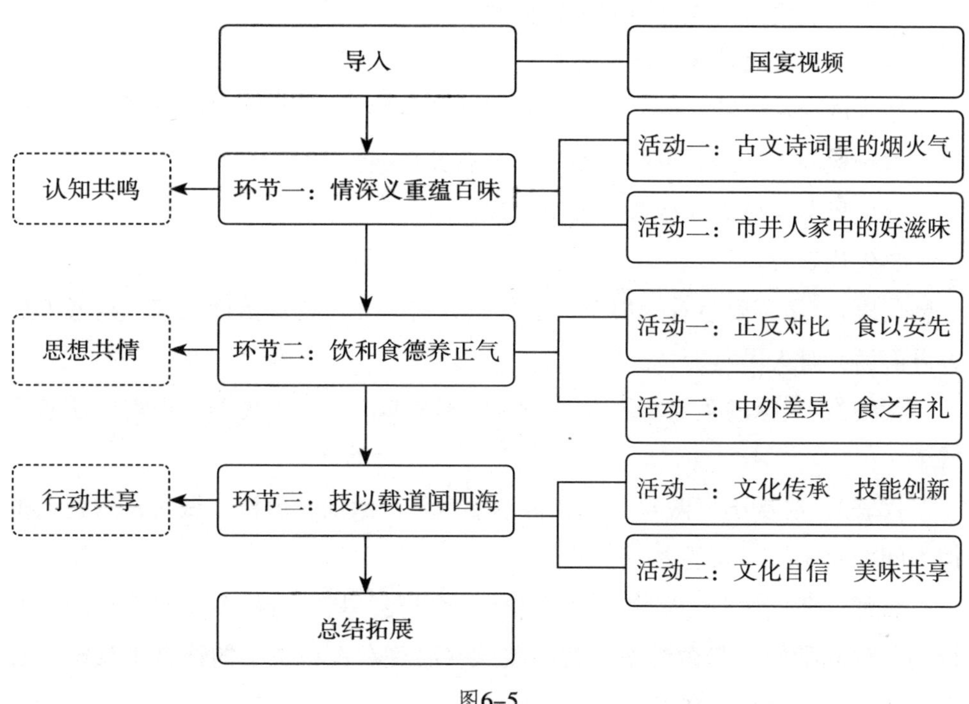

图6-5

二、活动准备

1. 教师

准备视频，联系技能大赛金牌选手，整理资料。

2. 学生

准备技能展示，设计思维导图，准备红色卡纸、双面胶等材料。

三、实施过程

导入：播放视频——暖心国宴展现中国文化独特魅力（3分钟）

视频内容：G20峰会与“一带一路”会议中的国宴美食，展示了中国元素，让人久久回味。

教师引导学生思考：国宴中的美食美在哪里？

学生明确：中国美食不仅讲究“色、香、味”，更注重“形、意、雅”。中国的国宴，品尝的是文化，展示的是礼仪，传递的是情感，蕴含的是哲学。

设计意图：以“小食”魅力展现“大国”风范，引起学生兴趣，烘托气氛，突出主题，为下面的活动开展作铺垫。

环节一：情深义重蕴百味（11分钟）

活动一：古文诗词里的烟火气

视频展示：解读习近平总书记治国理论中的“治大国如烹小鲜”。

教师提问：治国和烹饪之间怎么会有关系呢？

学生思考：讨论并推选代表交流发言。

学生代表发言：

代表1：做菜要色香味俱全，要健康，对食客负责；治理国家也要考虑到方方面面，对人民负责……

代表2：美味的菜肴需要专业的厨师苦练基本功，治理国家也需要从基层着手……

代表3：要从小事做起，只有将小事做好、做细、做精、做实，遇到大事情大问题时才能一以贯之………

教师：我们中华民族的历史文化源远流长，其中有很多关于饮食的古文诗词，请同学们一起做游戏，找一找这些隐藏在古诗文中的饮食小秘密，看看这些隐而不语的小秘密表达了什么含义。

表6-4

饮食中的“小秘密”，人生中的“大意义”		
类别	古诗文列举（教师准备）	人生启示（学生完成）
格物	食不厌精，脍不厌细。 ——《论语·乡党》	不能为满足口腹之欲奢靡浪费，君子食必有节。
致知	水为乡，篷作舍，鱼羹稻饭常餐也。 酒盈杯，书满架，名利不将心挂。 ——五代李珣的《渔歌子·荻花秋》	生活简单，知足常乐。
诚意	食之不能尽其材，鸣之而不能通其意。 ——唐·韩愈《马说》	物尽其用，人尽其能。
正心	百事常随缘，饮食穷芳鲜。 ——宋·苏轼的《和蒋夔寄茶》	豁达处事，饮食有时。
修身	食不言、寝不语——《论语》 庖丁解牛——《庄子·养生主》	饮食之中也蕴藏着个人的修养、技能的提升。
齐家	一箪食，一豆羹，得之则生，弗得则死。 ——《孟子·告子上》	饮食中也有气节和尊严，如不为五斗米折腰、不食嗟来之食等。
治国	治大国如烹小鲜。 ——老子《道德经》	做好每一件小事，才能成就大事。
平天下	朱门酒肉臭，路有冻死骨。 ——唐·杜甫《自京赴奉先县咏怀五百字》	日常的饮食状态也能反映出国家的治理现象。

学生分组：运用并分享自己班会课前收集的含有饮食信息的古文及诗词，将专业技能与诗词表述的意义相融合，完成游戏。

教师引导学生认知：眼中平淡的一日三餐，是心中沉淀的世事感慨，更是古人喻以言志、述以传情的承载。

活动二：市井人家中的好滋味

游戏互动：

中华美食地图 （教师准备：中国美食的千滋百味）	寻味之旅 （学生探究：美食背后的风土人情）
因地理区域及人文环境不同而演化出的鲁菜、川菜、粤菜、闽菜、苏菜、浙菜、湘菜、徽菜，合称为“八大菜系”。 因时代发展及区域间交流的加深，新演变出的齐鲁风味、岭南风味、苏扬风味、巴蜀风味、徽皖风味、潇湘风味、钱塘风味、闽台风味、燕京风味、淞沪风味、松辽风味、三晋风味、中州风味、荆楚风味、赣江风味、秦陇风味、滇黔风味，加上民族风味、素斋风味和药膳风味共20种美食风味。	天津的八大碗、陕西𰻞𰻞面、东北血肠、满族小吃萨其马等等，通过地方特色美食，感知美食中蕴藏的悠久历史与人文故事，体味不同民族的美食特色，体验家乡美食的魅力。

图6–6

设计意图：通过讨论分析和游戏互动，明确饮食文化的内涵，拉近学生与传统文化间的距离，让学生对美食所承载的文化、文明产生共鸣，为下一环节剖析社会中的各类饮食现象进行情感铺垫。

环节二：饮和食德养正气（13分钟）

活动一：正反对比　食以安先
案例讨论：（1）袁隆平的贡献；（2）野味之争。

教师引导	学生明确
中国用世界上7%的土地养活了22%的人口，这其中凝聚了好几代中国人的劳动与智慧，但如今在吃饱的同时，社会上却出现了不少吃野味的现象。	认识到饮食安全的重要性，做到饮食有律。结合所学专业，明确职业操守，在饮食制作中应该恪守规章制度，为社会及百姓提供安全放心的舌尖食粮。

活动二：中外差异　食之有礼
现象辨析：（1）星巴克猫爪杯的大打出手；（2）李子柒手作美食网络走红。

教师引导	学生明确
从熬夜排队争抢猫爪杯大打出手到中国传统文化在海外的大受追捧，中西方文化的差异比较对我们有何启示呢？	中国的饮食文化需要更多的人去尽心、尽力、尽责地传承；作为新时代烹饪专业的学生，更需要扎实的技能，提升文化内涵，将缺失的饮食文化通过自己的学识丰富起来。

图6–7

设计意图：通过辨析“舌尖现象”，讨论交流，认识到饮食安全和饮食礼仪的重要性，树立以技报国的意识。

环节三：技以载道闻四海（16分钟）

活动一：文化传承技能创新

（1）“谁解其中味”之“红楼梦美食”赏析。播放“红楼梦美食”中的特色食品，引导学生认识到美食文化与其他文化一样，也需要传承和创新。好吃的菜肴，制作的技法、工艺要传承，关于美食的故事、记忆也要传颂。有什么文化需求比吃更广泛、更基本呢？

（2）“谁知盘中苦”之金牌学长示范。技能的提升就如耕育禾苗，都要经历春种、夏长、秋收、冬藏，我们要树立技能与文化并行的使命感，做好美食，满足人们的多样需求，吃出品位，吃出个性，吃出实打实的获得感、幸福感。

活动二：文化自信美味共享

（1）找差距，填表格

学生结合自己与榜样之间的差距，分小组互相协作，互相鼓劲，共同进步，制订计划，完成表格：

表6-5

以技为媒，讲好中国故事，传播中华美味				
我的目标：				
改进方向	达成的目标	已经实现	完善的方法	时间
文化学习				
专业训练				
公益活动				
小组监督人：			学生签名：	

（2）提建议，共成长

学生展示表格填写内容，教师点评，提建议。

设计意图：让学生落实行动，做到知行合一，为成为新时代高素质技能型人才而努力奋斗。

四、总结拓展

1. 教师寄语（2分钟）

“民以食为天，食以安为先。”中国饮食文化历经数千年的积淀，广博而精深。从选材、刀工、烹调、餐具，到保健养生、用餐礼仪，再到进餐氛围和审美情趣，各个层面都展现出丰富独特的内容，其中蕴含的古老智慧令人惊叹。正是这份内在的深刻，让中国的饮食享誉全球，“小食”魅力能够展示“大国”形象。作为新时代的烹饪专业学生，不仅要会烹饪、善烹饪，更要懂烹饪、爱烹饪，用专业技能服务社会，让人民吃出幸福中国味。

2. 课后拓展：制作时令营养餐

为父母长辈或亲朋好友量身定制一份营养餐，并评选出最具创意的时令营养餐，在学校食堂推广。

五、活动总结

通过本次班会课，学生认识到饮食文化的丰富内涵，体会饮食中承载的家乡味、故土情与民族魂，从而坚定文化自信，树立技能报国的信心——以专业技能服务社会，创造幸福中国味。

“播种青春　放飞梦想”主题班会课堂实录

【班会背景】

十五六岁的孩子有许多幻想，但没有明确的人生目标。学生临近毕业，仍有不少同学对未来没有目标，对今后的学习和生活还没有规划，更不谈对平时学习生活的安排。具体表现为学习动机不明确，学习态度不端正，学习欲望不强烈，不会合理安排时间，学习和生活效率低。通过本次班会，初步树立学生远大理想，培养学生的自信心和班级凝聚力，指导学生对自己的人生初步做一个简单的规划，并为实现自己的理想目标而努力奋斗。

【班级简介】

九年级学生。

【班会目的】

九年级是学生学业关键的一年，根据我班学生的特点，借助各种带有情感特色的活动，使学生明确自己的理想，明确奋斗目标，把握努力的方向。寄希望于通过本次主题班会活动，使学生思想得到教育，心灵感到震动，行为受到促动。

【班会准备】

（1）召开班委会，确定班会主题，确定班会形式和主持人。

（2）广泛收集各类资料，确定班会具体内容，制作多媒体课件。

（3）布置梦想墙，请部分同学准备表演节目和发言稿。

（4）每位学生准备自由发言的内容，围绕活动内容做好准备。

【班会流程】

环节一：放飞梦想——播种青春

播放歌曲《我的未来不是梦》，主题班会开始

我们是早上七八点钟的太阳，我们是早上剔透的露珠，我们是青涩的苹果。我们走过了懵懂纯真的童年，走进了放射着光芒、蒸腾着热气的青春岁月。青春是人生中最璀璨的一颗珍珠，是最精彩的一篇乐章。青春的我们梦想拥有瑰丽的人生，需要我们毅然奔向远方。

1. 主持人开场白

主持人（合）：今天我们开展“播种青春，放飞梦想”主题班会活动。

主持人（男）：理想是石，敲出星星之火，点燃熄灭的灯。

主持人（女）：理想是灯塔，指引人生前进的方向，照亮人生前进的路程。

主持人（男）：罗勃朗宁曾说过：“人类的伟大不在于他们在做什么，而在于他们想做什么。”

主持人（女）：福尔摩斯也说过：“世界上最重要的事，不在于我们在

何处，而在于我们朝什么方向走”。

主持人富有激励性的语言激发学生对未来的憧憬。

2. 活动一：诗歌朗诵《青春梦想》

学生朗诵表演。

教师提问：你认为青春是什么颜色的？为什么青春需要梦想？新时代的我们应该具有怎样的梦想？

学生分组讨论，各小组代表发言：

第一组代表：青春是五彩斑斓的，有梦想的青春才不会褪色，新时代的我们应该把学生的主要任务——学习和未来的发展结合起来。

第二组代表：青春是具有冲击力的饱和色，没有梦想的青春是苍白的，新时代的我们应该斗志昂扬，蓬勃向上。

第三组代表：青春应该是火红的正红色，在强大祖国的呵护关怀下，我们的青春梦想才能实现。

第四组代表：青春的颜色是多变不定的，有积极梦想的青春，一切才皆有可能。

师生达成共识：青春是多彩的，每个人都应该拥有属于自己的青春色彩。青春是充满希望的，需要梦想来引领。展现自我价值，我们的梦想应该是“中国梦”的组成部分，共同为实现“中国梦”而奋斗。

3. 活动二：观看视频《父母的期望》

A. 观看提前准备好的部分同学父母的期望视频。

视频内容：

家长1：亲爱的宝宝，一转眼你已经成为一名九年级的大孩子了。时间过得实在太快，仿佛昨天的你还是呱呱坠地的婴儿，现在已经要面临人生第一个重要的选择，要走向自己的人生道路了。爸爸妈妈希望你的未来能有自己选择的能力和自由，而选择的能力，需要你每天努力奋斗，需要你向着自己的目标不断迈进……

家长2：一直以来爸爸妈妈都希望你能够过得比我们好，所以对你要求一直很严格，因为不希望你走弯路、走错路，有时候会对你上火发脾气，是希望你能扬长避短，不悔青春年华……

家长3：人的青春只有一次，爸爸妈妈的青春也是如此，希望你能把握青春韶华，拼搏奋进……

B. 教师提问：父母们对大家的期望是什么？他们为什么这样想？我们应该如何看待父母的期望？怎样做才能实现父母的期望？

学生讨论，派代表回答。

学生1：父母都希望我们比他们更优秀，因为他们的社会经历和生活经验比我们丰富，我们应该听从父母的建议，努力学习，奋斗的青春最靓丽。

学生2：父母那一辈和我们这一辈有很多的不同，但是无论时代、环境怎么变换，他们对我们的爱是不变的，我们要用适合自己的方法实现人生价值。

环节二：勇敢上路，追梦青春

1. 播放刘欢的歌曲《在路上》

（1）交流几则关于理想的名人名言。

毫无理想而又优柔寡断是一种可悲的心理。——培根

青春的光辉，理想的钥匙，生命的意义，乃至人类的生存、发展……全包含在这两个字之中……奋斗！——马克思

每个人都有一定的理想，这种理想决定着他努力和判断的方向。——爱因斯坦

教师引导讨论：同学们，你们觉得什么是理想？

师生达成共识：理想就是对未来的向往和憧憬。多少人因有了理想而不断地奋斗，最终成为一代名人。

（2）名人成才的小故事。

A. 马云三次参加高考的故事

B. 格力集团董明珠创业的故事

C. 任正非与华为的故事

教师引导：听了这些我们熟知的名人的成长经历，同学们感悟最深的是什么？他们成功了，但是他们为什么能够成功？

学生讨论，得出结论。

代表发言：他们的成功不是偶然的，他们有目标，有信念，所以他们才会不畏困难取得最后的成功。我们伟大的周总理也曾为“为中华之崛起”这一理想而发奋读书。我们现在应该为拥有美好的职业理想、人生理想而奋斗。

环节三：珍惜时间，把握青春

现在的很多中学生没有时间观念，更谈不上抓紧时间学习，每次做事情拖延的时候就会安慰自己：“明天再做吧，我还有时间，不着急。”基于这

种情况，培养学生的时间观念，让学生学会合理安排时间十分必要。教育学生懂得珍惜时间，认识拖延的危害，养成良好的学习与生活习惯。

1. 小品表演

请五位同学表演小品《明天做》（场地的一半为王文的家，一半为教室，右边是教室书桌，左边是家里书桌）

情节：一个学生手举自制的日历展示星期一、星期二、……一学生扮演老师，不断布置作业；两位学生扮演王文的同学，轮流找王文出去玩。日历从星期一开始展示。

老师：同学们，今天的课外作业是把练习册第10页上的习题做完（王文从教室的书桌里取出一本练习册，拿到家里的书桌上准备做题）。

学生1：王文，走呗，打乒乓球去！

王文：我作业还没做呢。（经不住诱惑，想了一会儿）好吧，明天再做就明天做（跟同学1打球，然后再回到教室，日历翻到星期二）。

老师：同学们，今天的作业是练习册第11页的习题，还有一篇日记（文庆回到家，拿出练习册）。

学生2：王文，街上新开了一家网吧，咱去看看吧！

王文：是吗？可我的作业还没做呢，看来还是明天再说吧（日历不断翻到星期六，教师不断地留作业，王文的作业本越摞越高，考试成绩公布后，王文后悔莫及）。

（1）引导讨论小品的意义，使学生认识到办任何事情都要只争朝夕，不要养成拖延的坏习惯，当天的事情当天完成。

（2）请同学们自我对照，写出自己拖延的表现及如何克服。

（3）一起朗读古诗《明日歌》。

2. 名人珍惜时间的故事

（1）爱迪生的故事

爱迪生常对助手说："浪费，最大的浪费莫过于浪费时间了。人生太短暂，要多想办法，用极少的时间办更多的事情。"

一天，爱迪生在实验室里工作，他递给助手一个没上灯口的空玻璃灯泡，说："你量量灯泡的容量。"说完他又低头工作了。

过了好半天，他问："容量多少？"没听见回答，他转头看见助手正拿着软尺在测量灯泡的周长、斜度，并拿了测得的数字伏在桌上计算。他说：

“时间，时间，怎么浪费那么多的时间呢？”

爱迪生走过来，拿起那个空灯泡，向里面斟满了水，交给了助手，说：“里面的水倒在量杯里，马上告诉我它的容量。”

助手立刻读出了数字。

爱迪生说：“这是多么容易的测量方法啊，它又准确，又节省时间，你怎么想不到呢？还去算，那岂不是白白地浪费时间吗？”

助手的脸红了。

爱迪生喃喃地说：“人生太短暂了，太短暂了，要节省时间，多做事情啊！”

（2）鲁迅的故事

鲁迅的成功，有一个重要的秘诀，就是珍惜时间。鲁迅12岁在绍兴城读私塾的时候，父亲正患着重病，两个弟弟年纪尚幼，鲁迅不仅经常上当铺，跑药店，还得帮母亲做家务，为了不影响学业，他必须做好精确的时间安排。鲁迅读书的兴趣十分广泛，又喜欢写作，他爱好民间艺术，特别是传说和绘画；正因为他广泛涉猎，多方面学习，所以时间对他来说，非常重要。他一生多病，工作条件和生活环境都不好，但他每天都要工作到深夜才肯罢休。

“时间，就像海绵里的水，只要你挤，总是有的。”在鲁迅的眼中，时间就如同生命。因此，鲁迅最讨厌那些成天东家跑跑，西家坐坐，说长道短的人，在他忙于工作的时候，如果有人来找他聊天或闲扯，即使是很要好的朋友，他也会毫不客气地对人家说：“唉，你又来了，就没有别的事好做吗？”

3. 班主任讲我们浪费时间的事例

做事不分主次、拖拉，上课不认真听讲、转笔、坐立不安、抓耳挠腮，物品摆放无序、总东寻西找，爱胡思乱想等。

教师提问：我们身边还有哪些浪费时间的行为？我们应该如何充分利用时间，做珍惜时间的典范？

学生归纳总结如下：

（1）做题目时开小差，遇到不会的就放弃。

（2）喜欢拖延，想得多，做得少，不懂得只要开始做，一切都不晚的道理。

（3）缺乏监督、缺乏自律，遇到困难就想着逃避和放弃，把时间浪费在犹豫和踟蹰中。

师生讨论后达成共识：请珍惜时间吧！暂时放弃上网、进游戏厅等一些无聊的事情，多看看书籍，努力学习，为未来打下坚实的基础。把握好生命的每一分钟，也就把握了理想的人生。每分钟过得精彩，一生才会灿烂。

环节四：梦想成真，拼搏青春

主持人男：理想是个诱人的字眼。一个没有理想的人，就像鸟儿没有翅膀。

主持人女：没有理想，就没有坚定的方向；没有坚定的方向，就没有美好的生活。

主持人男：听完同学们声情并茂的演讲后，我不免想到自己的理想，我的理想是做一名救死扶伤的医生。但不管多大的理想，我们都必须从身边的小事做起，从最近的一个个奋斗目标做起，立足实际，我们身为学校的一分子，九年级（2）班的一员，一定要争口气，为了父母，为了自己，为了前途。请同学们结合自己的理想，谈谈为九年级最后四个月的奋斗而制定的目标。

1. 同学们谈了自己的计划和奋斗目标（5位）

明天的收获有赖于今天的播种和辛勤的耕耘，大家都谈了自己的奋斗目标，怎样为实现自己的理想而努力奋斗的。

2. 同学谈自己的实际行动（3位）

同学1：树立远大的理想，并为之不断地努力。

同学2：珍惜每一分每一秒，不让自己有后悔的一刻。

同学3：要有吃苦耐劳的精神，不为困难所吓倒……

主持人（男）：是啊，我们必须从今天做起，为实现自己理想而努力。

主持人（女）：对，只要我们从小树立远大的理想，并为之不断地努力，我们的理想就一定能实现！

主持人（男）：同学们，在你们的生活中是否注意到这样一些人：他们下课的时候依旧伏在课桌上仔仔细细地做作业，每次考试前在灯下复习到深夜，他们清澈的眼神、坚定的背影告诉我们，他们在为自己的理想而奋斗。

主持人（女）：是的，也正是这般努力使得他们在每次考试中获得了优异的成绩，在座的你们，是否愿意分享一下各自的学习经验？

3. 下面请一模考试班级前3名同学介绍学习经验

主持人（男）：是啊，成功无捷径，学习当奋斗。九年级的学习是辛苦、紧张而又充实的。我们必须从今天做起，为实现自己的理想而努力奋斗。

主持人（女）：我们不相信奇迹，但我们相信勤奋的自己。我们拼搏，我们不断地努力，把握今天，创造明天，不言放弃的青春是最美的！我们拼搏，我们精彩，因为我知道我们的未来不是梦！

4. 全班诗朗诵

2020年7月，梦想成真

美好的理想，不去拼搏是不会实现的。

宝剑锋从磨砺出，梅花香自苦寒来。

朋友，不去尝试，我们永远不会知道能做什么。

不去拼搏，我们什么也做不成。

尝试，会让我们更加了解自己。

拼搏，会让我们更加相信自己。

同学们，让我们努力尝试吧，尝试一种新的方法。

让我们努力拼搏吧，搏出一片新的天地。

在不断的尝试与拼搏中，我们将会变得更自信，更坚强，更完美！

【班会延伸】

同学们都能积极、主动、大胆地畅谈各自的理想，树立信心，对未来充满美好的憧憬和希望，进而好好把握今天，努力学习，打下坚实的文化基础，将自己的理想与社会的进步和祖国的繁荣结合起来，培养出乐观、自信、坚忍不拔的精神。

【班会总结】

梦想的旋律已经奏响，让我们对老师、对家长、对自己、对未来做个庄重的承诺吧！接下来，请大家起立，一起宣誓。

承诺是美好的，但是需要行动去实践。同学们，请拿起你手中的笔郑重写下梦想卡片，贴在“梦想墙”上，让大家一起见证各自的理想吧！

一分耕耘，一分收获。九年级的最后一个月，让我们心怀梦想，全力以赴，为实现自己的目标努力奋斗，踏上新的征程！

请记住：我的未来不是梦！

参考文献

[1] 檀传宝. 劳动教育的概念理解——如何认识劳动教育概念的基本内涵与基本特征 [J]. 中国教育学刊，2019（2）：82–84.

[2] 张胜男. 从马克思主义视角看劳动教育如何立德树人 [J]. 人民论坛，2020（1）：90–91.